PRINCIPES GÉNÉRAUX

DU

DROIT INTERNATIONAL

EN MATIÈRE CRIMINELLE

SUIVIS

D'UNE ÉTUDE SPÉCIALE ET D'AMENDEMENTS AU PROJET DE LOI

SUR L'EXTRADITION

VOTÉ PAR LE SÉNAT EN 1879

PAR M. Antonin DELOUME

PROFESSEUR A LA FACULTÉ DE DROIT DE TOULOUSE
MEMBRE DE L'ACADÉMIE DE LÉGISLATION

EN VENTE :

PARIS, CHEZ THORIN, LIBRAIRE, RUE DE MEDICIS, 7

TOULOUSE

CHEZ ÉDOUARD PRIVAT | CHEZ MARQUESTE, MOURAN et Cⁱᵉ
RUE DES TOURNEURS, 45 | RUE SAINT-PANTALÉON, 10

1882

PRINCIPES GÉNÉRAUX

DU

DROIT INTERNATIONAL

EN MATIÈRE CRIMINELLE

PRINCIPES GÉNÉRAUX

DU

DROIT INTERNATIONAL

EN MATIÈRE CRIMINELLE

SUIVIS

D'UNE ÉTUDE SPÉCIALE ET D'AMENDEMENTS AU PROJET DE LOI
SUR L'EXTRADITION
VOTÉ PAR LE SÉNAT EN 1879

Par M. Antonin DELOUME

PROFESSEUR A LA FACULTÉ DE DROIT DE TOULOUSE
MEMBRE DE L'ACADÉMIE DE LÉGISLATION

EN VENTE :

PARIS, CHEZ THORIN, LIBRAIRE, RUE DE MEDICIS, 7

TOULOUSE

CHEZ ÉDOUARD PRIVAT | CHEZ MARQUESTE, MOURAN et Cᵉ
RUE DES TOURNEURS, 45 | RUE SAINT-PANTALÉON, 10

1882

(Extrait du *Recueil de l'Académie de Législation*.)
1881

PRINCIPES GÉNÉRAUX DU DROIT INTERNATIONAL
EN MATIÈRE CRIMINELLE

—

AVANT-PROPOS

Ce serait une œuvre intéressante et utile, de recueillir
et d'étudier dans les lois criminelles des divers peuples,
les dispositions qui se rattachent aux relations internationales. Ce travail de législation comparée, d'une portée
scientifique évidente, ne répondrait pas seulement aux
besoins de la pratique judiciaire de tous les jours ;
il contribuerait à faire sentir, combien les nations ont
intérêt à mettre en harmonie les règles de leur droit criminel, à les unir, à en former un réseau à travers les mailles
duquel, les malfaiteurs ne puissent pas trouver passage,
pour se soustraire à la poursuite de leurs crimes et à
leur répression lorsqu'elle est nécessaire.

Mais pour arriver à cette union, à cet accord international si désirable, il faudrait rechercher ce qui doit en

constituer les liens. Il y a là un travail préalable à tenter ; c'est ce que nous nous proposons de faire aujourd'hui.

Il est indispensable, en effet, de déterminer la nature des personnalités en jeu dans les faits que doit régler le droit international ; il faut surtout, établir les principes qui dominent ce droit lui-même ; on pourra ensuite entreprendre utilement, le travail de législation comparée proprement dit, et se guider dans l'analyse ou la critique des lois positives très-diverses qui régissent les nations civilisées.

Nous étudierons ici : la notion de l'Etat comme personnalité internationale ; les principes des lois, particulièrement en ce qui concerne le droit international d'une part, et le droit de punir d'autre part ; nous rechercherons enfin, comment on pourrait combiner ces principes, pour établir l'accord entre les Etats, sans porter atteinte aux droits inviolables de l'indépendance nationale.

CHAPITRE PREMIER

L'ÉTAT. — LA NATION. — LE GOUVERNEMENT. — LA PATRIE.
— LE DROIT DE LA NATURE ET DES GENS.

I

Le droit international est l'objet d'une science relativement très-récente, mais dont l'étude semble devenir de jour en jour plus nécessaire. Aussi, sur tous les points du monde civilisé, des hommes éminents de la politique active et de la science, s'appliquent dans de savants écrits ou dans des discussions élevées, à en fixer les principes et les lois. Les réunions, les associations, les congrès pour le droit international se multiplient de toutes parts (1), et les gouvernements eux-mêmes sont amenés, par la force des choses, à régler l'application de ce droit nouveau, dans de pacifiques traités, dont le nombre s'accroît sans cesse, ou dans les codes de leurs législations intérieures.

Ce mouvement dans les esprits et dans les faits, se produit particulièrement en matière criminelle, parce que c'est là surtout que la nécessité se fait énergiquement sentir. La vapeur, les chemins de fer, l'électricité se rendent, comme on l'a dit très-justement, les complices des malfaiteurs ; la justice doit utiliser, à son tour, ces admirables découvertes de la civilisation, conquises sur la nature au profit de la société, et que l'on peut si facilement faire tourner contre elle. L'antique allégorie de la

____

(1) Voir des détails précis sur ce point, dans l'*Introduction à l'étude du droit international*, de M. Renault, agrégé à Paris. — Paris, 1880.

justice au pied boiteux doit être désormais proscrite ; ce serait une image aujourd'hui très-intempestive, si elle était fidèle. La loi, comme les criminels qu'elle poursuit, doit pouvoir franchir aisément les frontières des peuples ; et si le mal est international, il faut que la justice et le droit se hâtent de le devenir aussi, dans les actes de leur mission réparatrice et prévoyante.

Le droit international a été divisé en deux grandes branches, que l'on appelle droit international privé, et droit international public, ou droit des gens proprement dit. Le premier de ces droits a pour but de régler le conflit des lois privées, le second comprend tous les rapports internationaux, dans lesquels un Etat figure *comme corps politique* ; que l'autre partie d'ailleurs, soit un Etat ou un particulier (1). Nous disons un Etat *comme corps politique*, car en tant que maître du domaine privé, l'Etat doit être considéré comme un particulier, et soumis comme tel aux règles du droit privé.

Le droit criminel se rattache donc au droit public, car c'est au nom et par les agents de l'Etat qu'il s'exerce. En matière internationale, les Etats règlent l'application de ses principes, soit dans la forme de véritables traités, pour les cas d'extradition, par exemple, soit dans les relations ordinaires de la diplomatie. L'action de l'État se manifeste encore, et le plus souvent, par des actes de poursuite exercés directement, mais contre des particuliers que leur nationalité, ou la nature des actes qu'on

---

(1) M. Renault (*loc. cit.*) a très-nettement établi cette distinction. D'autres juristes font rentrer le droit pénal dans le droit international privé. (V. Fœlix et, plus récemment, Laurent, *Droit civil international*, p. 9, note 2). — M. Renault a publié à la fin de son ouvrage, une étude bibliographique raisonnée, pleine d'intérêt et d'utilité pour ceux qui veulent approfondir la science du droit des gens à l'état actuel et dans le passé.

leur impute rattachent à d'autres Etats, et à l'égard desquels, par conséquent, le droit des gens doit interposer ses règles de conciliation et de concorde.

Avant d'entrer dans les détails de ces difficiles matières, nous en rechercherons les principes philosophiques et juridiques; nous déterminerons les modes d'application de ces principes et la mesure de leurs développements, suivant les progrès de la civilisation qu'ils sont appelés à régler. Les principes du droit sont immuables, assurément, à l'égard des peuples comme à l'égard des individus; mais l'homme n'arrive au progrès que par degrés, et il ne lui faut rien moins que le travail incessant des générations, pour réaliser ses conquêtes dans le domaine du monde moral, aussi bien que sur les forces de la nature physique. Les lois de la nature se dévoilent lentement à nos yeux. Peu à peu l'homme les découvre ou les reconnaît, il voit le lien qui les unit, il en coordonne l'application; c'est en cela que consiste le progrès matériel et moral.

II

Puisque ce sont les relations de l'Etat que nous avons à déterminer, il est absolument essentiel de savoir très-exactement ce que l'on entend sous ce nom. Les hommes politiques les plus autorisés, les publicistes, sont très-peu précis et très-peu d'accord entre eux sur ce point, qui paraît cependant si simple au premier abord.

Le mot Etat a en lui-même une multitude de sens divers, dont nous n'avons pas à parler ici, mais en le prenant dans le sens spécial qui nous intéresse, on commet souvent de graves confusions.

Il faut d'abord distinguer l'état de la nation. La nation est le groupe naturel, l'union de fait, qui doit servir de base à la formation du groupe légal personnifié par l'Etat. Il faut le distinguer aussi du gouvernement, qui n'est que l'agent de cette personnalité légale que l'Etat constitue.

Deux auteurs recommandables qui publiaient, en 1877, un *Précis de Droit international* (1), disaient de l'Etat qu'il est « l'ensemble des institutions par lesquelles les nations sont parvenues à organiser leurs forces et à maintenir l'ordre public à l'intérieur de frontières déterminées. » Mais n'est-ce pas confondre la société avec son mode d'organisation, l'Etat avec le gouvernement, la personne avec l'organisme qui lui sert d'instrument ?

A notre sentiment, quoique des différences capitales distinguent l'Etat des sociétés que les particuliers forment entre eux, c'est dans la terminologie juridique de ces sociétés, qu'on peut trouver la notion exacte de l'Etat et la formule précise de sa définition.

Les sociétés civiles, d'après quelques auteurs, mais en tout cas les sociétés commerciales, constituent, en Droit français, des personnes morales ou juridiques, êtres abstraits, distincts des associés qui les constituent par leur union, établis dans l'intérêt commun, mais ayant leur vie propre, leurs droits et leurs devoirs, à l'égard des associés, à l'égard des tiers, et à l'égard des autres sociétés. L'Etat est cette personne morale, distincte des citoyens ou nationaux réunis sous son nom, et abrités sous son drapeau. Il est une personne juridique dans la grande société des peuples ; il a son existence propre, ses droits et ses devoirs vis-à-vis de ses membres, et vis-à-vis de tiers, dans les relations extérieures qui s'établissent avec

___

(1) MM. Funk Brentano et Sorel, *Précis de Droit international,* Paris, 1877.

d'autres Etats, c'est-à-dire avec d'autres personnalités semblables à la sienne.

Pour représenter cette personnalité abstraite, pour la diriger vers le progrès moral et matériel qui est sa destinée, des agents doivent exister ; ils forment ce qu'on nomme le gouvernement. Représenter l'Etat, en diriger la marche dans les voies de la civilisation, voilà la mission du gouvernement ; mission élevée, dans l'accomplissement de laquelle le gouvernement doit s'inspirer des mœurs, des traditions, des tendances, en un mot du génie de la nation dont il émane. Le gouvernement doit être à la fois la tête et le cœur de l'Etat, car c'est autour de lui que viennent se grouper toutes les forces vives de la patrie ; mais au point de vue juridique, qui est le nôtre, il ne faut pas plus confondre l'Etat avec le gouvernement, qu'on ne doit confondre une société particulière avec ceux qui l'administrent et la représentent. C'est cette confusion que commettait Louis XIV, dans sa jeunesse, lorsqu'aux remontrances que lui présentait le Parlement pour le bien de l'Etat, il répondait : l'Etat, c'est moi. Le gouvernement peut changer, l'Etat reste tant que vit la nation qu'il personnifie. Les descendants du grand roi devaient, peu de temps après lui, fournir la démonstration sanglante de cette vérité à l'histoire de notre pays.

Mais il est de principe, que toute association d'individus ne peut pas constituer incontinent, cette personnalité juridique, dont les lois reconnaissent l'existence, en lui traçant ses droits et ses devoirs. Le droit des gens a ses règles à cet égard, et l'Etat, pour être admis dans le concert des nations, doit réunir les conditions exigées comme nécessaires à sa vie extérieure. Montesquieu disait : « La réunion de toutes les forces particulières forme ce que l'on appelle l'Etat. » Voilà la notion philosophique ; mais il nous faut une notion juridique, puisque nous parlons de droit.

M. Blunstchli, dans son livre récent sur l'Etat, formule une définition qui nous paraît exacte et conforme aux principes du droit international, mais un peu compliquée (1). Voici celle que nous proposons dans le même sens : L'Etat est une personnalité juridique reconnue et constituée sur un territoire national, par une réunion d'hommes naturellement groupés sous l'autorité, et effectivement protégés par la force d'un même pouvoir politique indépendant.

Quatre conditions, que nous nous bornerons à indiquer, paraissent nécessaires pour que l'Etat puisse exister, et arrive à être reconnu par les autres Etats, ainsi que cela ressort de la définition que nous en avons donnée.

D'abord, il doit être composé par une réunion d'hommes naturellement groupés ensemble ; ce groupe naturel, c'est la nation sur la constitution de laquelle nous aurons à insister tout à l'heure.

En second lieu, le pouvoir politique de l'Etat doit être indépendant à l'intérieur et à l'extérieur ; assez du moins pour constituer une personnalité distincte et agissant par elle-même. Les Etats mi-souverains, vassaux ou protégés sont considérés comme tels.

L'Etat doit, en troisième lieu, être en possession d'un territoire national ; c'est-à-dire que la propriété foncière doit y être traditionnellement admise au profit des particuliers, et garantie par des lois nationales : c'est le sol de la patrie. La civilisation implique la propriété territoriale ; les peuples nomades se fixent, ordinairement, dès qu'ils pratiquent l'agriculture, et dès qu'ils commencent à réaliser dans leur organisation intérieure les plus humbles progrès.

(1) Blunstchli, *Théorie générale de l'Etat*, traduction Riedmatten, Paris, 1877. La notion nous paraît juste, mais nous ne suivrions pas l'auteur dans toutes les conséquences qu'il en fait découler.

Enfin l'Etat doit être capable de défendre par la force son territoire et son indépendance. Peu importe d'ailleurs, qu'il agisse par lui-même, ou par les forces réunies des autres nations respectivement garantes de sa sécurité, comme cela a lieu pour les Etats neutralisés. Mais en dehors de ces conditions, l'État serait non viable, et comme tel il serait incapable d'arriver à la vie juridique.

C'est dans ces conditions que l'Etat pourra être reconnu, c'est-à-dire officiellement admis par les autres Etats, comme personnalité internationale soumise aux règles du droit des gens. Ainsi se constitue cette grande société des Etats civilisés, dans laquelle chacun doit trouver le bien commun, son propre bien et, par suite, le bien des individus qui constituent ces collectivités nationales.

Tous les peuples, toutes les nations indépendantes ne constituent donc pas des Etats, et ne sont pas compris dans ce que l'on nomme le concert des nations; tous ne sont pas soumis aux règles du droit des gens.

Les peuples non civilisés, les nations non reconnues ont aussi, sans aucun doute, leurs droits et leurs devoirs résultant de la loi de justice commune à tous les hommes, mais ils vivent en dehors des règles positives établies par le droit international. Le droit des gens se caractérise de jour en jour comme droit positif (1); il est réglé comme tous les droits à leur début, sous la forme coutumière, par des usages dont les bases se fixent dans de nombreux traités, dans des conventions internationales, ou sous la forme plus avancée et plus parfaite des déclarations auxquelles adhèrent tous les Etats civilisés. Or, tout droit positif, quelles

(1' C'est là un point sur lequel s'élèvent de nombreuses contestations, nous en dirons quelques mots plus loin.

que soient sa formule et sa sanction, suppose des institutions connues et réciproquement admises par ceux qui y
sont soumis ; c'est ce qui n'existe pas à l'égard des nations
non civilisées. Aussi verrons-nous les procédés de la justice criminelle se modifier singulièrement, suivant qu'un
Etat traitera avec une peuplade sauvage, ou avec un autre
Etat civilisé et reconnu comme lui.

III

Le droit des gens règle donc les relations des États
entre eux, et sous ce rapport, ses lois doivent être considérées comme le complément nécessaire, de celles qui ont
pour but d'assurer le droit et la paix à l'intérieur des nations.

L'État se rattache, en effet, à l'harmonie générale du
monde social, par la nation qui lui sert de base, et que
normalement il personnifie. Or, la nation est un groupe
naturel et nécessaire ; elle est avec la famille et l'individu,
une des trois unités préconstituées dans le plan providen-
tiel des lois de l'humanité, et que le droit naturel doit directement régir : expliquons-nous rapidement à cet égard.

Telle est certainement la doctrine de nos livres saints ;
et la nature y a pourvu en plaçant au plus intime de notre
être, un sentiment d'un caractère particulier, aussi universel
que généreux et irrésistible, l'amour de la patrie.

La division des nations et la confusion des langues sont
présentées, il est vrai, comme une peine dans la Bible ; et
c'est bien ainsi que l'explique Bossuet dans sa *Politique*
tirée de l'Ecriture ; mais il en est de cela, comme de la loi
du travail, c'est une peine qui tout en enlevant à l'homme
une part des biens qui lui étaient destinés avant sa chute,
contient en elle des éléments de retour vers le bien, des

moyens de régénération, suivant la volonté d'une Providence miséricordieuse jusque dans ses rigueurs. M. Laurent, de Gand, a transformé cette doctrine, en traitant le principe des nationalités comme le bien lui-même ; tandis qu'il n'est en réalité qu'un des moyens donnés à l'homme, pour progresser vers le bien, dans son état actuel d'imperfection (1).

Quant au sentiment de la patrie, nous n'avons pas à démontrer qu'il est inné au cœur de l'homme, qu'il est inviolable et sacré comme l'amour de la famille. A ce titre il rentre dans l'essence même des principes d'ordre et de justice destinés à régler le monde.

Mais si cette vérité est incontestable pour ceux qui en étudiant la nature, prennent l'homme tout entier, et ne séparent pas son cœur de sa raison, d'autres la méconnaissent. Ils soutiennent qu'il faut effacer les frontières des peuples, pour solidariser le genre humain destiné à vivre fraternellement en commun. Excités à la vue des maux de la guerre, et c'est là sans doute leur principale excuse, ils imaginent une sorte de cosmopolitisme universel pour régir l'humanité en bloc, c'est leur idéal ; ils pensent, au nom de l'harmonie et de la concorde humanitaire, qu'il faut supprimer la patrie ; entreprise aussi insensée que celle qui voudrait supprimer la famille, pour faire régner l'égalité, la bienveillance et la paix entre les citoyens.

Ces doctrines, qui méconnaissent les traits les plus élevés de la nature humaine, ont une commune origine. Souvent on les a trouvées rattachées entre elles, dans des utopies funestes qui, voulant anéantir les groupes naturels, substituent fatalement à ces groupes éternellement respectés, des associations bizarres, des promis-

(1) Laurent, *Etude sur l'histoire des nationalités*, 2ᵉ édit., 1880, t. X, p. 98.

cuités odieuses ou ridicules destinées à périr dès qu'elles voient le jour (1).

L'expérience des siècles et les leçons de l'histoire ne sont rien, pour les créateurs de systèmes dont « le principe est un axiome de géométrie politique qui porte en soi sa propre preuve..... les yeux clos, ils imposent leur moule à la matière humaine qu'ils pétrissent ; » et il faut encore et il faudra toujours, défendre avec le bon sens, ces saintes unions de la famille et de la patrie, contre les idéologues et les rêveurs. Il le faut, car ces philosophes abstraits donnent souvent la main à des agitateurs pratiques, qui développant les théories en vogue, envahissent à leur moment l'arène politique, décidés à tout refaire à leur guise ou plutôt à tout renverser.

C'est dans le cœur de l'humanité et dans son histoire, qu'est marqué le rôle des nations; la raison pure ne saurait s'en rendre un compte exact ; aussi la patrie elle-même n'a pu échapper ni à la fausse analyse, ni aux discussions passionnées, ni aux négations décevantes du matérialisme contemporain.

En Allemagne et en Italie, le principe des nationalités a été soutenu avec une ardeur extrême, dans un temps qui n'est pas éloigné de nous. Ce mouvement se produisit dans ces deux pays, à l'occasion et en vue de résultats politiques que nous n'avons pas à apprécier ici, et à l'égard desquels nous fesons nos réserves formelles ; mais il faut reconnaître qu'il a provoqué de grands et sérieux progrès dans la science du droit international, particulièrement en matière criminelle. Or, dans ces deux pays eux-mêmes, nous trouvons des dissidences très-caractérisées, sur la nécessité de la patrie.

(1) Voir Louis Reybaud, *Les Réformateurs modernes.*— Sudre, *Histoire du communisme.* — Levasseur, *Histoire des classes ouvrières avant et depuis 1789.* — Villetard, *Histoire de l'Internationale.*

En Allemagne, un des auteurs les plus en renom dans la science diplomatique, Bluntschli, se refuse à considérer la nation comme un groupe naturel et nécessaire; l'idéal pour lui c'est le genre humain formant un seul Etat (1). Telles sont aussi les idées des juristes ralliés aux doctrines françaises du xviii⁰ siècle, ou aux opinions des fatalistes qui, sous divers noms, ne voient d'autres sources du droit que les mœurs et le temps (2). Vattel, qui pour quelques personnes représente encore la science du droit international, admettait les mêmes idées.

En Italie, où M. Mancini est à la tête d'une nombreuse école de jurisconsultes très-fidèles à sa doctrine nationale, M. Pasquale Fiore, dont les écrits sont très-répandus et ont été traduits dans notre langue, s'est aussi séparé des idées dominantes. Pour lui, la nation n'est qu'un fait passager, une création de la volonté humaine; il ne faut pas s'embarrasser, d'après cet écrivain, de savoir comment se constitue la nation. Tout est dans la volonté et la liberté de l'homme..... Mais la famille elle-même, pourrait-elle résister à cette incomplète et sèche analyse de l'âme humaine et de ses besoins?

« Les nations sont de Dieu, dirons-nous avec M. Laurent de Gand, dont nous adoptons très-volontiers les fermes paroles sur ce point : la patrie est aussi indestructible que la création » (3).

L'État n'est, ou ne doit être que ce groupe naturel légalement reconnu et constitué. L'État idéal est donc celui qui ne comprend qu'une nation et qui la comprend

______

(1) *Das modern Volkerrect,* 3⁰ édit., p. 2 et suiv., 1878, cité par Laurent, *Droit civil,* t. I, p. 14, 1880.

(2) Voir l'exposé de ces divers systèmes dans l'ouvrage de M. Carnazza Amari, Etude préliminaire par le traducteur, M. Fontanari. Revest, p. 31. Paris, 1880.

(3) *Op. cit.,* t. I, p. 601.

toute entière. Avant les malheurs de la dernière guerre, la France avait atteint ce but désiré.

Si l'Etat n'avait, pour soutenir son organisation complexe, d'autre stimulant que l'intérêt, d'autre mobile que des combinaisons préméditées, comme les autres sociétés que forment les hommes, il ne serait comme elles qu'un groupe instable, variable dans ses caractères et ses éléments constitutifs. Mais ce qui fait la force et la vitalité de l'Etat, ce qui le relève et l'anime au moment du danger, vient de plus haut que les calculs de la raison : c'est le sentiment le plus spontané, le plus naturel, le plus noble et le plus désintéressé. Le sentiment de la patrie, redisons-le avec confiance, est aussi inséparablement attaché au cœur de l'homme que celui de la famille. Tous les deux nous sont transmis par les ancêtres ; et le langage humain, reflet habituellement fidèle des vérités permanentes, l'indique bien : *A patribus patria.* Tous les deux se manifestent par le même amour généreux et constant, par le même dévouement instinctif poussé souvent jusqu'à l'héroïsme. Tout ce qui constitue les liens de ces unions saintes qui s'appellent la famille et la patrie leur est commun ; c'est l'unité de race, de croyance, de traditions, de fiertés ou de gloires dans le passé ; c'est l'unité de langage, de résidence, de tempérament, de tendances, de sympathies et de répulsions, de goûts et de mœurs dans le présent. Liens mystérieux auxquels la loi humaine doit apporter sa fixité et sa sanction positive, mais sans le respect desquels la société ne saurait ni se constituer, ni vivre, et que l'on retrouve nécessairement à l'origine de tous les grands événements, dans la vie des peuples.

Un premier mouvement naturel de concentration a produit la famille. « Faut-il rappeler, dit M. Rossi (1), que

(1) *Droit pénal*, liv. I, ch. 12.

l'homme ne recherche pas la femme seulement pour en obtenir une possession passagère et oublieuse. » Et lorsque la famille est constituée, elle est par sa nature destinée à sortir d'elle-même, car certaines unions seraient monstrueuses, et cependant la race doit se perpétuer. De nouvelles familles se forment donc, à côté des premières, jointes à celles-ci par leur origine même ; et comme premier signe de civilisation, les tribus, les *gentes*, les clans, les cités s'organisent. Un dernier progrès reste à réaliser. Ces divers groupes, rattachés les uns aux autres par des circonstances matérielles, des conditions climatériques, des frontières naturelles communes, se rapprochent à leur tour, pour former une race avec ses caractères propres, ses souvenirs, ses destinées ; ainsi se constituent la nation et la patrie.

Toutes les nations n'ont pas une origine aussi simple, beaucoup ont commencé par être des peuplades errantes qui se fixent, mais la loi de leur première formation et de leurs développements reste la même. M. Levasseur disait récemment à l'Académie des sciences morales et politiques (1) : « La nation française s'est formée peu à peu, une longue communauté de gouvernements, d'intérêts, de gloires et de malheurs en a scellé l'unité....., et cette unité est si bien une force morale, que, depuis ce temps, le sentiment ne s'en est jamais manifesté avec autant d'énergie qu'aux époques où l'unité matérielle du territoire avait été menacée. »

La nation est comme la famille un groupe permanent, persistant avec ses caractères à travers les siècles dans l'histoire de la civilisation ; se modifiant dans sa constitution intérieure comme la famille ; et dans ses limites,

____

(1) Esquisse de l'Ethnographie de la France. Compte-rendu des travaux de l'Académie des sciences morales et politiques, 1881, p. 528.

suivant les fluctuations de la politique ou les violences de la force ; ayant aussi ses heures de formation, de grandeur et de décadence ; mais toujours réuni suivant les mêmes lois ; toujours vivant dans son principe et toujours prêt à se reconstituer dans son harmonie naturelle, malgré les efforts tentés pour le détruire. L'humanité a besoin pour vivre de ces deux centres d'attraction : le foyer de la famille et la terre de la patrie.

Un grand peuple aux instincts envahissants et guerriers, a pu soumettre les nations et leurs territoires à ses lois, ou plutôt à la tyrannie de ses proconsuls : il n'a pas effacé les frontières des peuples, il n'a pu détruire ni leur nom, ni leur caractère national.

Lorsqu'après lui, les bandes germaines firent irruption dans le midi de l'Europe, elles y portèrent d'abord le trouble ; mais le repos se fit, et les nationalités se reconstituèrent avec des éléments nouveaux.

Un jour, à des siècles de distance, des conquérants de génie ont un instant prétendu au sceptre du monde ; mais ces grands hommes de guerre, Alexandre, Charlemagne lui-même et Napoléon, n'ont eu qu'une puissance disputée et fatalement périssable. Leurs empires étaient destinés à tomber ; l'instinct de la patrie poussait invinciblement les peuples soumis à secouer le joug de l'étranger, et les nations, un moment enchaînées par la force, reprenaient bientôt après eux leur indépendance.

La délimitation exacte de la nation est quelquefois difficile, les contours en peuvent être vagues et indécis, parce que les caractères ne sont pas toujours identiques. Quelques-uns peuvent faire défaut à l'existence d'une nationalité très-caractérisée d'ailleurs, et c'est pour cela, que l'Etat en doit fixer les bases positives, et que d'autre part, sous le couvert de ce sentiment des nationalités, ont pu se produire de graves abus, et s'élever trop souvent des luttes sanglantes, des conflits désastreux. Mais ces luttes, elles-mêmes, ne prouvent-elles pas l'existence, et l'ardeur du sentiment qui les entretient et les anime ?

Chaque peuple semble d'ailleurs avoir reçu une mission spéciale, dans le développement des progrès humains. La Providence, en donnant aux nations des caractères divers, comme des produits différents à leur sol, paraît avoir voulu les convier toutes à verser un tribut personnel dans le trésor commun. On dirait que chacune a son rôle déterminé dans l'harmonie générale ; et comme pour les forcer à s'unir entre elles, sans se dissoudre, leurs aptitudes diverses semblent indispensables les unes aux autres, dans le labeur commun de la civilisation.

« Chaque peuple a en quelque sorte une tâche à remplir, dit M. Alfred Jourdan (1), dans un bel ouvrage que j'ai eu l'honneur d'analyser devant l'Académie (2). Celui-ci a reçu en partage le génie des arts, celui-là l'esprit du commerce et de l'industrie ; l'un a brillé par les lettres, l'autre par la profondeur du sentiment religieux ; cet autre encore s'est appliqué à perfectionner ses institutions politiques ; ici on s'est signalé par la passion inquiète de l'indépendance ; là, par l'amour sérieux et réfléchi de la liberté ; chacun, en un mot, semble avoir reçu le dépôt de quelqu'un des biens qui tous ensemble constituent le patrimoine commun de l'humanité. Notre pays, malgré ses erreurs, ses défaillances passagères, des catastrophes inouïes alternant avec des prospérités éclatantes, reste encore au premier rang, parce que là, plus qu'ailleurs peut-être, se sont rencontrés des organes généreux de cette vérité, que l'humanité et le droit sont au-dessus de la force et de la violence impitoyables. »

(1) *Le Droit français,* ouvrage qui a obtenu le premier prix dans le concours extraordinaire de 1873 à l'Institut.

(2) *Recueil de l'Académie,* t. XXIV, 1875, p. 502.

IV

Ainsi trois individualités essentielles ont été établies par la nature, l'homme, la famille et la patrie. Les lois humaines doivent également les respecter toutes les trois, elles ne sauraient impunément porter atteinte à aucune d'elles. C'est entre elles, et dans leurs rapports respectifs, que la Providence a réglé l'harmonie de ses lois; et c'est sur cette trame divine que l'homme doit à son tour fixer les siennes.

Ce que nous devrons établir, en effet, comme la base de toutes nos affirmations, c'est qu'entre ces trois individualités, l'homme, la famille, la patrie, les principes de la morale et du droit restent identiques; et que chacune vit dans sa sphère, sous l'autorité de lois communes par leur origine qui est Dieu, et par leur principe qui est la justice.

Le même caractère d'identité se manifeste d'ailleurs, dans l'action même des lois, car ce sont toujours les mêmes tendances naturelles que les lois sont appelées à régler, dans toutes les sociétés humaines.

En entrant dans la cité, l'homme se soumet à des lois qui régissent ses actes; mais ces lois doivent lui laisser sa vie propre, son individualité, son initiative, source féconde du bien public et privé. De même il est des lois qui s'imposent aux Etats, et qui les lient dans leurs rapports respectifs, à raison de la société que leur intérêt commun les convie à former entre eux; mais dans cette société aussi, il faut que chacun conserve son individualité et sa vie propre, c'est-à-dire ce bien suprême qui s'appelle l'indépendance de la patrie.

C'est entre ces deux forces naturelles et opposées, d'individualisme et d'association, d'autorité et de liberté,

que le droit doit venir établir l'harmonie ; il ne doit
détruire aucune de ces deux forces ; il doit seulement
les accorder et faire régner entre elles un équilibre nécessaire. Équilibre délicat, sans doute, et difficile, mais
indispensable aux progrès de l'humanité, et vers lequel
il faut tendre dans les relations des Etats entre eux ,
comme on le fait déjà par un mouvement général et
nouveau de la politique intérieure, pour concilier les
droits de l'Etat avec les droits du citoyen.

Certes, il ne faut pas décourager les nobles tendances
qui de toutes parts se manifestent de nos jours en ce sens.
Lacordaire disait dans un admirable discours qu'il adressait, en 1854, à notre Académie sur la loi de l'histoire :
« L'Orient a enfanté les ancêtres et promulgué la loi,
l'Occident va donner à la pensée des formes qui ne
périront plus, et aux cités éparses des liens qui les rap-
procheront sous un même joug, en attendant le siècle qui
les unira dans une même fraternité » (1).

N'avons-nous pas marché, en effet ; et quoique nous
soyons encore bien loin de l'idéal de cette fraternité, ne

(1) C'est cette même pensée d'espérance et de fraternité chrétienne,
que Lacordaire développait dans ce fragment de conversation, d'un caractère plus exclusivement religieux, fidèlement rapporté par notre cher
et éminent confrère M. Lacointa : « L'homme doit vivre encore longtemps. Telle est du moins ma pensée, qui est loin d'être absolue : nul
ne s'incline plus profondément que moi devant les impénétrables secrets
de la divine Providence. L'homme doit vivre longtemps. La vie inor-
ganique a été longue ; elle aurait compté des siècles. La vie végétale lui
a succédé, et des conclusions que la religion ne repousse pas , lui assi-
gnent une existence d'un nombre considérable d'années. L'homme rationnel a vécu 4000 ans, le chrétien n'a que 18 siècles ! Après avoir
libéralement prodigué des siècles à la matière, à la raison, Dieu se
montrerait-il parcimonieux du temps pour son Christ ? La nouvelle vie
qu'il a apportée au monde serait-elle plus courte ? Nous sommes tout
modernes. La civilisation, suivant un cours conforme à celui du soleil,
a successivement visité les Assyriens, les Egyptiens, les Grecs, les Ro-

peut-on pas affirmer que les relations internationales s'humanisent ?

Les traités qui règlent amiablement les droits du commerce, de l'industrie, de la navigation, des monnaies, des postes, des télégraphes, se multiplient à l'envi. Et spécialement dans notre matière, n'est-il pas certain que les principes du droit criminel s'élargissent dans toutes les nations ; que les traités, les lois d'extradition deviennent innombrables et plus explicites de jour en jour ?

La guerre elle-même, malgré ses horreurs, ne semble-t-elle pas perdre à tout jamais quelques-unes de ses prérogatives barbares ? Les blessés sont protégés par la convention de Genève, les corsaires sont supprimés, les pirates détruits, les prisonniers ne sont plus traités comme des esclaves, ni assimilés à des criminels.

Enfin, les relations de la paix ne deviennent-elles pas de toutes parts plus actives, plus sûres et plus fécondes ?

Les Etats ont donc leurs lois, leurs devoirs et leurs droits ; ils ont, suivant la célèbre définition de Montesquieu, « leurs rapports nécessaires résultant de la nature

---

mains, les Barbares, et nous voilà !..... Nous sommes presque au berceau de l'humanité. Qu'est-ce pour Dieu qui se meut dans cette étroite suite d'années ? C'est bien pour les enfants arrosés du sang de son fils, qu'il voudra surtout reculer les limites du temps..... Comment pourrions-nous déjà finir ? L'Europe entière n'appartient pas au Christ. L'Asie lui est encore rebelle jusque sur le sol où il est mort. L'Amérique est incomplètement soumise à ses lois. L'Afrique le méconnaît. L'Océanie ne date que d'hier. Le Christ, qui a consenti à descendre sur notre globe, imperceptible partie de son domaine, ne serait venu que pour posséder des lambeaux de ce coin de sa création, de ce grain de poussière détrempé d'eau. Non, la vie qu'il nous a apportée ne cessera pour faire place à la vie à venir, que lorsqu'elle aura régénéré le monde entier, modique objet de l'amour d'un Dieu. » (Extrait d'un article du *Correspondant*, Lacordaire à Sorèze, 1881, p. 83, par M. Jules Lacointa, ancien avocat-général à la Cour de cassation, correspondant de l'Académie.)

des choses; » et c'est là précisément ce que nous voulons examiner de plus près.

V

Mais que nous importent ces lois et ces principes? répète-t-on de toutes parts. Est-ce que le droit des gens existe en réalité? où donc est le Code qui le formule? où est sa sanction surtout, et qui donc est chargé d'en assurer la réalisation? Telles sont les questions que se posent trop souvent, des esprits sans réflexion.

Soulever de pareils doutes, à notre sentiment, c'est renouveler sous une forme moins coupable, peut-être, le détestable blasphème de ceux qui ont dit que la force prime le droit. Sans doute l'assassin qui frappe et dépouille une victime désarmée a pour lui la force : Est-ce que le droit violé n'est pas du côté de la victime? Est-ce que même dans les sociétés les mieux réglées, la forme du droit est toujours parfaite, sa sanction toujours assurée? Le droit est donc indépendant de sa sanction; il est, alors même qu'il ne peut pas s'imposer par la force. La loi méconnue n'en existe pas moins, quand elle violée par ceux qui en avaient accepté l'autorité comme légitime. Ces vérités sont aussi incontestables dans les rapports internationaux, qu'elles sont incontestées dans les rapports du droit privé.

Au surplus, il n'est pas vrai de dire que la manifestation et la sanction manquent complètement au droit des gens, qui est seulement, sous ce rapport, très-imparfait, comme tout droit à son origine; c'est un point que nous éclaircirons plus tard. Demandons-nous d'abord sur quelles bases il repose, en d'autres termes, sur quels principes sont établies ses lois.

Montesquieu dit (1) : « Le droit des gens est naturel-

(1) *Esprit des lois*, liv. I, ch. 3.

lement fondé sur ce principe, que les nations doivent se faire dans la paix le plus de bien, et dans la guerre le moins de mal qu'il est possible, sans nuire à leurs véritables intérêts. » Il faut aller plus loin, il faut dire avec un savant publiciste moderne (1) : « Chaque peuple est membre de l'humanité et fait partie d'un tout supérieur; l'humanité vit et agit en lui comme une force cachée mais irrésistible; elle le pousse, soit par l'instinct, soit par la conscience et la raison, à un commerce de plus en plus étendu, à des relations de plus en plus intimes avec d'autres peuples, et lui fait enfin comprendre un ordre commun de biens, de droits et de devoirs, dans lesquels tous les peuples sont unis par tous leurs intérêts principaux; car, aucun but ne peut être bien accompli sans le concours et l'assistance de toutes les nations. » Cette association des nations dont parle Ahrens, est tellement conforme aux sentiments humains et à la raison, que le langage usuel en reflète naturellement la notion. C'est ce qui explique ces mots si constamment employés, d'intérêts de l'humanité, de lois de l'humanité, de concert des nations, de société humaine, de solidarité des peuples en présence du mal. C'est l'instinct de la sociabilité de l'homme, passant de l'individu au groupe, de l'homme à la nation.

Mais cet instinct de sociabilité a été lui-même l'objet de bien des contestations; et lorsque les grands esprits du dernier siècle le nièrent chez l'homme, comment l'auraient-ils admis chez les nations. Montesquieu semble avoir subi l'influence de ces doutes, au moins en ce qui concerne les nations. Tandis qu'il reconnaît que pour l'homme « la paix serait la première loi naturelle » (2), il

(1) Ahrens, *Cours de droit naturel,* p. 349, Leipsig, 1868.
(2) *Esprit des lois,* liv. I, ch. 2.

ajoute que sitôt que les hommes sont en société, l'état de guerre commence. « Chaque société, dit-il, tient à sentir sa force, ce qui produit une guerre de nation à nation » (1).

Villemain, en écrivant l'éloge de l'illustre philosophe, disait de lui : « Interprète et admirateur de l'instinct social, Montesquieu n'a pas craint d'avouer que l'état de guerre commence pour l'homme avec la société. Mais de cette vérité désolante, dont Hobbes avait abusé pour vanter le calme du despotisme, et Rousseau pour célébrer l'indépendance de la vie sauvage, le véritable philosophe fait naître la nécessité salutaire des lois, qui sont un armistice entre les Etats, et un traité de paix entre les citoyens. » Montesquieu ne se rapprochait-il pas plus en ce point des théories de Rousseau que ne le dit M. Villemain ?

Montesquieu formulait une vérité fondamentale, lorsqu'il disait incidemment au liv. XXI, ch. 21 : « Les nations, qui sont à l'égard de l'univers ce que les particuliers sont dans un Etat, se gouvernent par le droit naturel et par les lois qu'elles se sont faites. » Et cependant, ce qui domine dans la définition que nous rapportions plus haut, et dans tout le chapitre sur la nature des trois gouvernements, c'est la doctrine de l'intérêt bien entendu des Etats, la légitimité de la raison d'Etat, le droit de conquête par la guerre, incompatibles évidemment avec le droit naturel et la justice.

Et dans les paroles mêmes de M. Villemain, n'en peut-on pas trouver l'aveu, lorsque, d'après Montesquieu, le droit est présenté comme un armistice, comme un traité de paix ? L'armistice se règle entre des ennemis, or, nous ne saurions admettre que les nations soient destinées par leur nature à se faire la guerre. Les lois qui régissent leurs

(1) *Eod.*, ch. 3.

rapports ne sont pas davantage des traités de paix ; elles sont comme les lois intérieures des peuples, les conditions normales de leur existence, la formule de leurs rapports nécessaires.

C'est Montesquieu lui-même qui a écrit ces admirables paroles : « Dire qu'il n'y a rien de juste ou d'injuste que ce qu'ordonnent ou défendent les lois positives, c'est dire qu'avant qu'on n'eût tracé le cercle, tous les rayons n'étaient pas égaux. » Voilà ce qui est vrai pour les Etats comme pour les particuliers. Si les Etats sont destinés à vivre en société, ils y devront vivre sous une loi de justice commune à l'homme, à la famille et à la nation, parce que ces trois individualités ont été créées par la même main, et comprises dans l'harmonie des mêmes plans providentiels.

Ce qui est vrai, et ce qui a pu souvent tromper à l'égard de la nation, comme à l'égard de l'homme lui-même, c'est que l'on retrouve et que l'on doit nécessairement retrouver dans les groupes humains, comme dans l'homme, deux instincts qui se combattent, qu'on ne peut pas détruire, mais qui se transforment avec les progrès de la civilisation : l'instinct égoïste et l'instinct social. Le premier porte l'homme à s'isoler de ses semblables, à ne considérer que lui-même ; exagéré et dans sa rudesse naturelle, il est le principal mobile du mal. L'autre invite les hommes à se rapprocher et à se soutenir, il s'appuie à la fois sur le sentiment et sur la raison ; il est la source des plus grands biens pour la société et pour l'individu lui-même. L'un de ces instincts plus élevé, moins violent que l'autre, quoique plus fort, doit être aidé par l'éducation morale, soutenu par la tradition ; l'autre se fait sentir le premier et doit être combattu ou plutôt rectifié. Tels sont exactement les phénomènes qui s'accomplissent dans les sociétés ; et si l'on ne peut pas dire que l'homme est né pour la guerre, s'il faut reconnaître, au contraire, qu'il est né sociable, les mêmes vérités doivent être affirmées par rapport aux nations.

Il n'y a entre les sociétés à leur naissance et l'homme à l'état d'enfance, qu'une différence dans la durée des temps. Ce qui se fait en une année chez l'un, met un siècle à s'accomplir chez l'autre. Les rapports journaliers entre les hommes développent entre eux rapidement les instincts sociaux ; les progrès sont plus lents dans les rapports entre les nations : ils le sont en proportion de la rareté des rapports qui se produisent entre elles.

D'ailleurs, les nations sont livrées à elles-mêmes dans cette espèce d'apprentissage de la vie ; non-seulement elles n'ont pas de supérieur commun, mais elles n'ont pas non plus de guides pour les éclairer dans la voie du progrès. L'homme au contraire, dont la vie est plus courte, trouve en compensation auprès de lui, dès son berceau, ces deux grands éducateurs, ces deux puissants agents du bon sens et des traditions, ces deux foyers vivants de tous les sentiments humains et généreux, la famille et la patrie.

VI

Mais toutes ces choses s'enchaînent ; ce ne sont pas seulement les instincts et les passions qui sont communs à l'homme et à la nation, ce doit être aussi le principe des lois. Or c'est un point essentiel en Droit criminel particulièrement, de déterminer sûrement le principe des lois.

Il est des doctrines décevantes qui niant tout, excepté ce qui frappe matériellement les sens, se refusent à distinguer le bien du mal. De tout temps elles ont eu leurs adeptes, leurs écrivains et leurs orateurs. Epicure, Helvétius ont précédé Bentham, dans ce chemin aride sans horizon et sans but.

En Droit criminel, leurs doctrines se disent utilitaires, et nous aurons à les attaquer spécialement sur ce terrain. Mais, hâtons-nous de le dire, pour nous, le Droit ne saurait être la science des expédients ı sous toutes ses formes, et jusque dans ses moindres détails d'application, il n'est que le reflet d'une loi supérieure. Son principe était formulé dans ces mots d'Ulpien, que Justinien a placés en tête de ses Institutes : « *Jurisprudentia est divinarum atque humanorum rerum notitia, justi atque injusti scientia.* » Graves et belles paroles, à travers lesquelles nous croyons voir cette haute et juste pensée, que la science des lois est l'inspiration divine de la conscience, éclairée et développée par le travail humain (1).

C'est qu'en effet le sentiment de la justice s'impose parfois, irrésistiblement à la conscience humaine, pour lui tracer ses devoirs. L'homme sent bien, par exemple, qu'il ne saurait justement attenter sans raison, à sa propre vie et à celle de ses semblables. Et il n'y a pas là seulement une règle utile et contingente, mais bien un principe sacré, écrit dans son cœur, qui protège le corps du faible, de l'infirme, de l'être impuissant et inutile, avec la même énergie que l'existence de l'homme le plus utile à ses semblables et à lui-même, et avec plus d'énergie peut-être, à raison même de cette faiblesse.

Ce sont ces mêmes principes de justice innée, qui protègent aussi notre honneur et nos biens, contre les passions et les convoitises criminelles.

Le père de famille qui consacre ses jours, et peut-être ses nuits, à gagner péniblement la nourriture et le bien-être

---

(1) V. un travail de M. Giraud sur cette définition d'Ulpien, *Rec. de l'Acad. des sc. mor. et pol.*, 1881.

de ses enfants, ne doit pas être contraint à partager le produit de cette œuvre sainte, avec l'homme pervers qui consume son temps dans l'oisiveté, la débauche où le crime. Il y a là encore non-seulement une disposition utile et raisonnable, règle de simple opportunité et de convention, mais l'application d'un principe éternel et immuable, que l'homme ne peut pas plus effacer de son cœur que de sa raison et de ses lois.

L'origine de ces vérités est en Dieu, et le complément de ce que nous voyons sur la terre reste dans ses mains toutes puissantes; car l'idée de justice est inséparable des destinées futures, de leurs compensations et de leurs rigueurs, de l'immortalité de l'âme, en un mot, telles que l'ont entendu les grands esprits de tous les siècles et la sagesse instinctive de toutes les nations.

Sans doute, toutes les déductions de la loi naturelle ne se présentent pas d'elles-mêmes à notre esprit; non-seulement l'homme individuellement, mais la tradition elle-même, peuvent errer dans les détails de son application; mais le principe est en nous, il faut l'y chercher avec la raison et avec le cœur. « Il ne faut point s'imaginer, dirons-nous avec Leibnitz, qu'on puisse lire dans l'âme ces éternelles lois de la raison à livre ouvert, comme l'édit du Préteur se lit dans son album, sans peine et sans recherche ; mais c'est assez qu'on puisse le découvrir en nous, à force d'attention » (1). Voilà l'œuvre essentielle du législateur. Et c'est là, en effet, qu'est le principe de tous les droits humains; c'est la loi de justice, c'est-à-dire le droit naturel que les lois criminelles, comme toutes les lois, doivent interpréter, sanctionner, et prendre pour mobile de leurs dispositions et de leurs sévérités nécessaires.

____

(1) Leibnitz, *Nouveaux essais sur l'entendement humain.* — M. Oudot, *Conscience et science du droit*, partie III, épilogue.

« Pourquoi donc le bien qui fait pour ainsi dire la loi à Dieu lui-même, dit un philosophe contemporain (1), qui est sa loi du moins, une loi qu'il n'a pas faite, puisqu'elle est aussi ancienne que lui, que son intelligence dont elle est le produit infaillible, nécessaire ; pourquoi ce bien ne serait-il pas sacré à nos propres yeux ; pourquoi ne s'imposerait-il pas moralement à notre libre vouloir ; pourquoi, en un mot, ne serait-il pas obligatoire ? N'est-ce pas ainsi que l'avaient conçu les plus beaux génies de l'antiquité, Socrate, Platon, Zénon et son école, Cicéron enfin, qui les résume toutes si admirablement, dans des paroles qui se déroulent sous sa plume avec, la double majesté de la langue latine et de la langue de Cicéron ? »

Ces paroles vous les connaissez tous, Messieurs, elles étaient comme le prélude de la divine morale qui allait se manifester bientôt après, toute entière dans l'Evangile ; et Bossuet, interprète éloquent de l'Evangile, exprimait ces mêmes vérités en disant : « Dieu lui-même a besoin d'avoir raison ; le bien n'est pas tel parce qu'il le veut, mais il le veut, au contraire, parce qu'il est le bien. »

VII

L'homme est donc lié par la loi naturelle vis-à-vis de ses semblables, et cette vérité doit être universelle, c'est-à-dire également applicable partout et à tous, aux peuples comme aux individus.

Les philosophes, les législateurs ont pu méconnaître ou nier ces caractères d'universalité. Qu'est-ce donc qui n'a pas été contesté ? Pascal disait de la justice de son temps : « Plaisante justice qu'une rivière borne. » Cette amère

(1) Tissot, *Introduction historique à l'étude du Droit*, p. 439.

parole pouvait s'appliquer à la loi positive et à ses moyens matériels d'exécution ; quant au principe, il reste immuable toujours, partout où des hommes existent, et quelle que soit la nature de leurs rapports. C'est la vérité toujours identique à elle-même, telle qu'elle a été déposée dans la conscience de tous les hommes. C'est « la vraie lumière qui éclaire tout homme venant en ce monde. »

Et comment admettre, en effet, que l'homme puisse se soustraire à cette loi naturelle, par exemple, par le simple fait de s'unir à d'autres hommes ou d'habiter un autre lieu ? Comment, un acte injuste de la part d'un individu, pourrait-il cesser de l'être, lorsqu'il a été collectivement accompli ? Et si des rapports s'établissent entre des groupes humains, ne sera-ce pas toujours la même loi de justice qui devra régir ces rapports ?

Il faut même aller plus loin : la loi naturelle ne doit-elle pas s'appliquer d'une manière spéciale, pour ainsi dire, à ces groupes naturels qui rentrent directement avec elle, dans le plan général de la société humaine ?

Qu'on ne parle donc pas plus dans les rapports internationaux que dans le droit interne, de la raison d'Etat. Qu'on ne prenne pas la doctrine de l'intérêt comme principe du droit des gens ; car cette doctrine ne peut être à elle seule le principe d'aucun droit. Quant à la raison d'Etat, elle n'est qu'une violence et un abus de la force, si elle n'est pas conforme à la justice et au droit. Ces vérités paraissent si certaines, si évidentes à l'esprit de celui qui les a une fois conçues ; cet ordre de la nature est si logique et à la fois si simple et si harmonieux, qu'on se demande si ce n'est pas les affaiblir que de s'appliquer à leur démonstration (1).

(1) Volney avait proposé à l'Assemblée nationale, en 1789, une déclaration de principe qui contenait les paroles suivantes : Dans cette grande société, les peuples et les Etats considérés comme individus jouissent des mêmes droits naturels et sont soumis aux mêmes règles de justice que les individus des sociétés partielles.

Les faits ne viennent-ils pas d'ailleurs confirmer cette certitude? Comment ne pas apercevoir cette marche constante vers l'uniformité des lois et des mœurs, chez tous les peuples qui progressent ensemble? Les peuples s'humanisent, suivant une belle expression, en se connaissant mieux. Leurs lois s'améliorent par les comparaisons incessantes que l'on en fait; mais en même temps, et sauf les traits caractéristiques de chaque nationalité qui ne touchent pas aux bases essentielles, elles tendent manifestement vers l'unité. C'est que pour s'améliorer, dans les rapports des peuples, comme dans ceux des individus, les lois doivent nécessairement se modeler sur un idéal unique, se rapprocher d'un centre commun où elles se retrouvent semblables entre elles ; et ce type c'est le droit naturel, le principe de la justice incréée.

Il y a dans les lois justes des peuples, cette harmonie divine de la variété dans l'unité, suivant laquelle la nature a disposé toutes choses (1). Le type de l'unité en matière de sciences morales a été placé dans la conscience humaine.

Voilà la vérité; mais que de contestations viennent encore entraver sa marche dans le monde ; et que de siècles ont passé sans qu'on ait consenti à en admettre la formule dans les rapports internationaux, et surtout à en poursuivre la réalisation; que de grands esprits l'ont méconnue ou sciemment violée ! Il y a cinq cents ans à peine, les théologiens, les philosophes, les juristes, Vittoria, Suarez, Aiala, Gentilis, Grotius enfin, ont commencé à exposer ces idées et à les soutenir dans leurs ouvrages. Pour ces grands innovateurs, le droit naturel fut si incontestablement la base du droit international, qu'ils les confondirent tous

____

(1) V. un article de M. Mancini sur l'utilité de rendre obligatoires les règles du Droit international privé. *Journal du Droit international privé*, t. I, 1874, p. 201 et s.

les deux dans la désignation de la science qu'ils fon-
daient, et qui fut ordinairement appelée, à cette époque,
le droit de la nature ou des gens.

VIII

Toutes les lois ont donc les mêmes principes. Mais ce
qui distingue le droit des gens du droit interne, et ce qui
est la cause du discrédit dont on l'entoure trop aisément,
nous l'avons dit, c'est que, tandis qu'à l'égard des lois
intérieures, des tribunaux règlent leur application avec
désintéressement et autorité, une force est régulièrement
établie pour assurer leur réalisation exacte et juste; au
contraire, aucune de ces garanties ne semble possible
pour assurer la justice entre les Etats. Et il faut bien reconnaître, qu'en effet, les obligations solennellement con-
tractées dans les traités internationaux les plus formels,
ne sont pas entourées de plus de garanties légales, que les
règles les plus indécises de la coutume.

Mais alors pourquoi tant de traités, pourquoi tant de
conventions internationales de toute espèce? Pourquoi
cette persistance à les renouveler, même lorsqu'ils ont été
audacieusement violés, s'ils ne doivent constituer aucune
garantie? Les peuples se sont-ils donc toujours entendus
à travers les siècles, pour se bercer d'illusions décevantes?
Non. C'est qu'il est des principes d'honnêteté publique et
de justice, que les Etats mêmes, quand ils tiennent la force
en leurs mains, sont obligés de respecter: à mesure que la
justice affirmera son autorité, ils pourront de moins en
moins les méconnaître. Et déjà ne doivent-ils pas comp-
ter sur une sanction morale, dont l'action, pour être lente,
n'est pas moins certaine; dont les vaincus ont le sentiment
irrésistible, et dont les violents doivent ressentir tôt ou

tard les effets. On peut dire de la justice comme de Dieu lui-même, *patiens quia œterna*. « Les peuples sont solidaires, dit M. Laboulaye, et jamais cette solidarité n'a été plus visible que de notre temps. Il n'est pas une découverte scientifique, industrielle, maritime, militaire, que les nations ne s'empruntent aussitôt. Qu'on aime ou qu'on haïsse ses voisins, il faut vivre de la vie commune et marcher du même pas ; s'isoler, c'est déchoir » (1). Il faut donc subir cette loi commune qui s'impose de jour en jour plus énergiquement, par l'intérêt ou par la crainte, et cette loi commune est la loi de justice.

Il ne faut pas croire, d'ailleurs, que les moyens d'application fassent complètement défaut aux principes du droit des gens ; tout imparfaits qu'ils soient, l'opinion générale n'est pas suffisamment éclairée à leur égard, et semble trop les méconnaître. Il faut en dire quelques mots.

Trois choses sont nécessaires pour l'application du droit : 1° une manifestation externe et incontestée de la loi ; 2° des autorités chargées d'en régler l'application ; 3° des moyens matériels d'en assurer l'exécution. Chacun de ces points pourrait donner lieu à de longs et intéressants développements, mais nous ne voulons pas sortir des limites d'une exposition de principes ; nous nous bornerons à indiquer ce qu'il est nécessaire de connaître, avant d'entrer dans les détails de notre sujet.

Quant à la manifestation externe de la loi, on sait que sa première forme est la coutume. Les législations primitives sont ordinairement coutumières. Dans les sociétés naissantes, certaines règles s'accréditent, se transmettent, s'appliquent en vertu de l'usage. Puis ordinairement la coutume est écrite par ordre et sous le contrôle de l'autorité, comme cela eut lieu en France par ordre de nos

(1) Laboulaye, *L'Etat et ses limites*, p. 100.

rois ; et puis à côté du Droit coutumier se produit une loi écrite, promulguée par un législateur, soit au nom de la divinité dont il se dit le représentant, soit en son propre nom, soit au nom du peuple. C'est ce qu'on appelle le Droit écrit.

En droit international, le législateur fait défaut. Mais quelques principes depuis longtemps reconnus, vont se développant chaque jour, et sont universellement admis par les Etats. On peut citer, par exemple, le respect de la parole donnée, de la foi promise et des traités ; l'inviolabilité des ambassadeurs ; le droit d'ambassade permanente ; le respect de la vie des prisonniers de guerre et des blessés ; la liberté des mers ; l'abolition du droit de représaille et des guerres privées, et bien d'autres encore.

Quelques points spéciaux ont été réglés par des déclarations émanées de la plupart des nations civilisées, ou auxquelles elles ont adhéré. Ce sont, notamment, la déclaration du Congrès de Paris sur la course, le blocus et les droits des neutres ; les Conventions de Genève de 1864 et 1865 sur les blessés et les ambulances de terre et de mer ; celle de Saint-Pétersbourg, en 1868, sur les projectiles explosibles ; les déclarations sur les passages maritimes des Belt et du Sund et les grands fleuves internationaux ; enfin, les protocoles de la Conférence de Bruxelles sur les lois de la guerre en 1873, qui ne sont malheureusement encore, que de simples projets de déclaration.

Les traités ne sont assimilables à des lois, ni au point de vue du droit interne, nous aurons à le démontrer à propos de l'extradition, dans la suite de ce travail, ni au point de vue du droit international. A ce dernier point de vue, ils ne sont que des contrats, mais leur ensemble sert à constater et à établir la loi coutumière, comme cela a lieu dans le droit privé. Au surplus, les déclarations admises par les grandes nations civilisées ont une autorité telle, qu'elles se rapprocheraient de celle de la loi, jusqu'au point de s'identifier avec elle, si l'adhésion devenait formellement unanime.

De généreux efforts sont cependant tentés dans le sens de la codification du droit des gens. Des hommes convaincus et ardents se sont attachés à poursuivre, dans les limites du possible, la réalisation de cette idée. Des publications nombreuses et savantes, des réunions, des congrès de grandes sociétés même, se sont spécialement organisés pour atteindre à ce progrès, dont le public aurait considéré l'idée seule comme une folie, il n'y a pas encore un siècle.

Mais quand la loi est promulguée, il faut une autorité pour en diriger l'application : c'est le pouvoir judiciaire. Pour que cette autorité offre des garanties de justice et d'impartialité, il faut qu'elle soit placée en dehors et au-dessus de ceux qui soulèvent les résistances ou les doutes. Il est difficile de songer à l'organisation d'un tribunal supérieur aux nations, pour leur dire le droit. Le conseil amphyctionique dans l'antiquité grecque, et la papauté au moyen-âge, soutenus par le sentiment religieux, en ont, dans des mesures différentes, donné l'exemple dans un passé déjà bien loin de nous.

Henry IV, Grotius, l'abbé de Saint-Pierre, Kant, Bentham et d'autres grands esprits, n'ont pas reculé devant l'idée de quelques institutions, qu'ils considéraient comme praticables à cet égard. On cherche à atteindre ce but aujourd'hui, par des procédés moins ambitieux, mais plus pratiques que l'organisation des tribunaux permanents.

Un mouvement analogue à celui que nous indiquions tout à l'heure, pour la codification du droit des gens, se produit en faveur de l'arbitrage international. En Angleterre, en

Belgique, en Italie, en Hollande, en Suède, les pouvoirs publics ont témoigné leur sympathie pour la pratique de ces arbitrages, que le congrès de Paris avait, hélas, vainement formulé comme le principe de l'avenir. M. Charles Lucas communiquait en 1872, à l'Institut de France, un rapport plein de curieux détails de statistique et d'histoire à ce sujet.

Les matières criminelles, l'extradition en particulier, donnent souvent lieu à des questions qui demeurant non résolues, arrêtent, au grand détriment des intérêts généraux, le cours de la justice. Les arbitrages internationaux seraient fort praticables dans ces matières, moins irritantes que celles de la politique; et ils seraient d'une grande. utilité, pour la solution équitable et immédiate de ces questions, sur lesquelles ils pourraient aisément fixer une jurisprudence.

Enfin, ce qui est le plus imparfait au point de vue de l'exécution des lois internationales, c'est le procédé de sanction matérielle. Dans les temps primitifs, la guerre est exclusivement la loi du plus fort; mais, il faut bien le reconnaître, il en est à peu près de même dans l'état le plus primitif de la société, entre les particuliers; l'analogie reste constante. Le système des vengeances privées est la première forme de la justice criminelle reconnue par l'Etat; et le premier progrès réalisé, consiste à soumettre ce procédé barbare, à des règles de fond et à des formes protectrices de la justice.

C'est ce progrès, dont le droit international tente la réalisation en ce moment. Que de choses se sont définitivement fixées à cet égard, depuis le commencement de notre siècle, dans les rapports des nations civilisées ! La guerre est, ou plutôt doit être, la justice exercée par l'intéressé lui-même. Il faut bien reconnaître, en effet, qu'elle est un droit, lorsqu'elle est la sanction d'un droit; comme la vengeance privée est un droit incontesté, lorsqu'elle est la seule forme de la justice criminelle. Aucune tentative sérieuse n'a pu être faite, hélas, en vue d'organiser une force permanente destinée à assurer le règne de la justice entre les Etats, comme entre les citoyens.

Comment, en effet, concilier cette force toujours menaçante, avec le principe, sacré pour nous, de l'indépendance des nations? A qui en devrait-on confier le commandement? Comment pourrait-on la recruter, et quel serait son siège? C'est une perspective qu'il ne nous est pas donné d'entrevoir et que nous ne devons pas souhaiter. Mais faut-il désespérer de tout, même à ce sujet? Pourquoi le domaine de la justice ne serait-il pas sous la sauvegarde universelle et effective des nations, comme l'est très-réellement le domaine matériel des Etats neutralisés? L'intérêt que chacun doit avoir à protéger le droit, partout où il est atteint d'une manière grave et publique, serait-il inférieur à l'intérêt qui sauvegarde les pays neutralisés?

La solidarité des nations en présence du mal se caractérise déjà d'une manière frappante; nous le constaterons, dans la pratique criminelle où il ne s'agit que des violences commises par les particuliers. Mais il faut aller plus loin, et on ne peut pas méconnaître non plus, les progrès réalisés, même en matière de guerre, depuis le commencement de ce siècle, dans la pratique aussi bien que dans la théorie.

Dans la théorie, on a peut-être même trop restreint les droits de la guerre. Lorsque M. Charles Lucas, de l'Institut (1), a soutenu que la guerre n'est permise qu'en cas de légitime défense, nous croyons qu'il s'est trompé, sous

---

(1) V. sur ce point un article du Dr Holzendorf, *Revue de Dr. intern. de Gand*, 1873, p. 355, et le chapitre de Montesquieu sur les Guerres, *Esprit des Lois*, liv. X, ch. 2.

l'influence des sentiments généreux qui animent toutes ses œuvres, et qu'il a trop diminué l'autorité du droit. L'individu ne peut, il est vrai, de notre temps, agir contre ses semblables que dans le cas de légitime défense, mais cette attitude expectante ne lui est imposée, que parce que la société est arrivée à un degré avancé de perfectionnement; parce que l'état exerce lui-même sûrement la police préventive et répressive, et protège l'homme paisible contre le criminel.

Les Etats, au contraire, dans leurs relations, en sont encore à peu près au système de la vengeance privée. Chacun doit se protéger lui-même et exercer dans les relations avec les autres Etats, cette surveillance que nul autre n'exerce pour lui. Il ne doit donc pas lui suffire, de répondre aux menaces réalisées, ni d'éviter les violences présentes; il faut encore qu'il prévienne le mal, et qu'il applique sa prévoyance à déjouer les projets et les complots de ses ennemis, car nul ne veille sur eux que lui-même.

La guerre est, toujours un remède violent et terrible, qui peut devenir désastreux et révoltant pour la conscience humaine. Aussi la doctrine fait des réserves très-sages que l'on peut résumer dans ces trois propositions : pour être légitime, la guerre doit être d'abord la sanction d'un droit, elle doit ensuite être rendue nécessaire par la gravité des intérêts compromis, elle doit enfin être inévitable. « Le droit de la guerre dérive de la nécessité et du juste rigide, comme dit Montesquieu. Si ceux qui dirigent la conscience ou le conseil des princes ne se tiennent pas là, tout est perdu; et lorsqu'on se fondera sur des principes arbitraires de gloire, de bienséance, d'utilité, des flots de sang inonderont la terre » (1).

(1) *Esprit des lois*, liv. X, ch. 2, de la Guerre.

La doctrine admet non-seulement que la guerre est un droit, elle ajoute que la guerre a ses règles ; on appelle leur ensemble le droit de la guerre. Grotius avait déjà intitulé son œuvre : du droit de la guerre et de la paix ; les Grecs l'avaient aussi reconnu et soumis aux tribunaux amphyctioniques ; les Romains en confièrent la garde aux Féciaux. Il n'y a que les nations absolument barbares, qui aient considéré la guerre comme un état de fait où tout est permis. Les instructions du gouvernement américain pour les armées en campagne, le protocole voté par les représentants officiels des grandes nations européennes à la Conférence de Bruxelles en 1875, sont déjà d'admirables monuments, élevés par les pouvoirs publics à l'honneur du droit de la guerre.

La pratique elle-même a suivi ce mouvement, que la science doit développer et rendre fécond. Quelle est la nation civilisée qui se permettrait aujourd'hui, de faire passer par les armes les blessés, les enfants, les femmes, les vieillards, comme il était autrefois coutume de le faire dans les villes prises d'assaut ? Les lois militaires des nations punissent ces actes comme de véritables crimes (1).

Ce ne sont pas seulement les règles de la Conférence de Genève, qui protègent les ambulances et les blessés. Ces règles de la croix rouge sont la formule et fixent les détails d'application, d'une loi d'humanité et de raison, qu'aucun Etat ne pourrait violer impunément aujourd'hui.

Les propriétés des particuliers sont désormais, sur terre, à l'abri de l'incendie, du ravage ou des déprédations. Le principe de confiscation, admis encore sur la mer où il a

(1) V. notamment notre code de justice militaire de 1857, art. 249 et suiv., qui punissent de la réclusion et même de la mort, ceux qui dépouillent ou maltraitent les blessés ou les morts sur le champ de bataille.

·été singulièrement limité, par les lois relatives aux neutres, a disparu sur terre. Comment pourrait-on confondre, en effet, avec la confiscation, le droit de réquisition admis sur terre, même au profit de l'armée nationale par nos lois (1). Ce droit de réquisition se restreint aux besoins actuels et pressants de l'armée ; il implique dans son principe et affirme dans ses procédés usuels, un droit à des indemnités ; il proscrit enfin comme une abomination, ce qu'autorise encore malheureusement le droit maritime : la destruction par le feu ou autrement, des objets à l'égard desquels l'occupation doit être abandonnée (2).

Peut-on nous reprocher un seul de ces actes contraires au droit des gens, en 1854 ou 1859, dans les guerres avec la Russie et avec l'Autriche, qui s'achevèrent glorieusement pour la France, à Sébastopol et à Solférino ? Et lorsque les armées étrangères ont accompli plus tard, sur notre sol, des actes barbares, mais dont la plupart auraient été subis en silence il n'y a pas encore un siècle, comme le droit du vainqueur, des protestations énergiques se sont élevées de toutes parts ; et l'Allemagne, en contradiction avec ses propres doctrines, a cherché à défendre ou à expliquer ses actes, mais elle n'a pas voulu renier ouvertement les principes du droit.

Voilà les progrès réalisés dans la guerre, c'est-à-dire dans la sanction imparfaite, mais seule possible du droit

---

(1) V. loi du 3 juillet 1877. Les art. 10 et suiv., du protocole de Bruxelles sur les lois de la guerre. Les article 38 et suiv. de l'Instruction américaine de 1863. (Cette instruction figure à la suite de la traduction française du *Droit international codifié* de Bluntschli.)

(2) La confiscation et la destruction ne sont plus admises sur terre qu'à titre de peine, ou par rapport aux armes et engins de guerre qui pourraient constituer un danger immédiat pour l'armée occupante. — V. art. 6 du protocole de Bruxelles, art. 34 et suiv. de l'Instruction américaine.

des gens. Entrer dans de plus grands détails serait nous écarter de l'objet de notre étude ; mais il nous a paru nécessaire, en fixant les bases du droit international, de ne pas rester dans de vagues abstractions, et de déterminer l'état réel des choses, après en avoir établi les principes abstraits. Le présent autorise à espérer pour l'avenir le développement de ces progrès, si insuffisants sans doute, mais si incontestables, relativement si rapides depuis 50 ans, et dans lesquels nous croyons voir se réaliser une indéniable affirmation des vrais principes.

<h2 style="text-align:center">IX</h2>

La science du droit des gens a rattaché à quelques droits fondamentaux, toutes ses règles. Ce sont en première ligne, les trois droits de conservation, d'indépendance et d'égalité. On considère comme *devoir impératif ou parfait* pour chaque Etat, l'obligation de ne pas porter atteinte à ces droits chez les autres (1). Mais pour que ces droits fondamentaux et tous ceux qui en découlent soient respectés, il ne suffit pas que les Etats restent dans une situation expectante et passive, ils ont à accomplir des devoirs actifs, qui profitant à la société toute entière, tournent à leur profit.

L'individu, dès qu'il fait partie d'une société politique organisée, est soumis à un pouvoir qui le protège et le dirige dans la voie du droit. Il est, par ce fait même, déchargé de certains devoirs, et même privé de certains droits individuels, dans l'exercice desquels l'Etat se substitue à lui en vue de l'intérêt général. Dans la société des

(1) V. Calvo, *Le Droit int. théor. et prat.*, p. 400, 2ᵉ édition, et les très-nombreux auteurs de droit des gens cités à la note 1, à ce sujet.

Etats, ce pouvoir supérieur fait défaut, et s'il est des mesures préventives à observer, en vue de la sécurité, de la justice et de la paix, chaque Etat, nous l'avons déjà dit, doit prendre à cet égard une initiative propre.

Chacun d'eux doit veiller à sa sûreté et se prémunir, contre les dangers de l'extérieur, en même temps que, contre ceux qui peuvent se produire dans son propre sein. Dans cette double mission ils doivent se prêter un mutuel concours.

Pour les dangers venant de l'extérieur, le principe est admis depuis plus de deux siècles dans la pratique internationale la plus constante, où il se manifeste par le droit réciproque de surveillance et d'ambassade ; il est consacré dans la théorie, en Europe du moins, sous un nom bien connu, et qui a prêté à bien des abus, quoiqu'il repose sur une idée sage et utile, le principe de l'équilibre européen.

Quant aux dangers venant de l'intérieur ou des particuliers, c'est-à-dire, par rapport au droit pénal proprement dit, le concours que doivent se prêter les Etats est aussi incontestable en théorie ; il est bien moins exposé aux vicissitudes des passions et du sort dans la pratique. C'est par le droit d'extradition qu'il a commencé à se manifester ; et l'on peut sur ce point, remonter jusqu'au moyen-âge et au droit féodal.

Nous revenons ainsi, au point qui doit nous occuper spécialement, parmi les théories nombreuses du droit international. Il nous reste à examiner dans la suite de ce travail deux choses : En théorie d'abord, jusqu'où peut s'étendre en matière internationale, le droit de l'Etat à l'occasion des crimes commis par les particuliers ; en fait et en pratique, jusqu'où ce droit s'est étendu dans les législations positives contemporaines, lois intérieures, coutumes ou traités, et particulièrement dans notre droit, français ? La première question, toute de doctrine, doit être résolue dans cette introduction ; la seconde doit être l'objet d'un travail complexe et difficile.

Quant à la la théorie du droit de l'Etat en matière criminelle internationale, elle se rattache à deux points de vue différents, dont les principes doivent être conciliés : droits au point de vue criminel, droits au point de vue international.

Au point de vue du droit criminel, nous devons donner notre solution, dans cette question si débattue, de savoir quelle est la base du droit de poursuite et de répression. Au point de vue international, nous devrons examiner jusqu'où peut s'étendre ce droit de poursuite et de répression pour un Etat, sans porter atteinte à l'indépendance des autres.

Il faut étudier ces deux principes en eux-mêmes, et voir ensuite le lien qui les unit, pour assurer leur conciliation dans la pratique.

Nous fixer sur ces points, c'est éclairer et rendre solide le terrain sur lequel devront se porter nos recherches. C'est dans les régions nouvelles de la science surtout, qu'il faut se rappeler ces paroles rapportées par l'illustre Rossi, dans la préface de son Traité de droit pénal : « Mépriser la théorie, c'est avoir la prétention excessivement orgueilleuse, d'agir sans savoir ce qu'on fait et de parler sans savoir ce qu'on dit. »

CHAPITRE II

DU DROIT DE PUNIR. — CE QU'IL EST. — A QUI IL APPARTIENT.

I

Quel est le principe, et quelle est la justification du droit de punir ? Peu de questions ont donné lieu à plus de recherches, de controverses, et d'admirables travaux. Nous devrons nous hâter sur ces matières si souvent étudiées et où l'attention de l'Académie a été plusieurs fois attirée, par les communications d'un de ses membres les plus savants et les plus expérimentés (1).

Dans sa belle introduction au traité de Rossi, M. Faustin Hélie fait ressortir cette vérité historique, que dans les mœurs et dans les lois des peuples, aussi bien que dans les écrits des philosophes et des juristes de tous les temps, le droit de punir s'est toujours établi sur deux considérations incessamment coexistantes, bien que séparées quelquefois dans leurs manifestations. Ce sont, d'une part, la nécessité de la peine, au point de vue de l'intérêt public et privé; et, d'autre part, la justice de ces rigueurs infligées par l'homme à son semblable, au point de vue de la conscience. Nécessité et moralité des peines, voilà la double préoccupation de l'esprit humain, pour légitimer les règles du droit pénal positif, dans tous pays et dans tous temps.

M. Faustin Hélie croit voir à ces deux considérations, des origines et des procédés de manifestation, en fait, très-distincts et très-séparés : la loi positive d'une part, répondant aux besoins de l'utilité pratique, et, d'autre part, la doctrine introduisant dans ses théories l'idée de justice.

« En parcourant les institutions pénales des différents peuples, dit-il (2), on trouve, à tous les âges de l'huma-

(1) V. sur les systèmes nombreux que nous allons indiquer : Tissot : *Le Droit pénal dans ses principes,* t. I, p. 210 et suiv., 2ᵉ édit. — Brocher, *Revue de droit international,* 1875, p. 30 et suiv. — Molinier, *Programme du cours de droit criminel,* Toulouse, 1851. — Franck, *Philosophie de droit pénal.* — Rossi, *Traité de droit pénal,* Introduction, et p. 08, 4ᵉ édit., et l'étude historique de Walter sur ce sujet.

(2) Introduction au *Traité de droit pénal,* de Rossi, 4ᵉ édit., 1872, p. X.

nité, les traces de deux faits entièrement distincts et presque toujours coexistants.

» D'une part, le fait d'une justice sociale qui, suivant la remarque de Bentham, semble avoir la même origine que tous les autres droits du gouvernement ; son unique point de départ est la nécessité des choses ; le besoin de maintenir l'ordre ; elle agit dans l'intérêt de l'utilité générale, mais elle confond souvent avec cet intérêt, celui de la domination du pouvoir ; de là sa tendance à faire des peines un instrument tantôt de défense, tantôt de vengeance, et tantôt d'oppression.

» D'autre part, le fait d'un mouvement instinctif et continu de la conscience humaine, qui, soit qu'elle ne conçoive que confusément la mission de la justice divine et de la justice humaine, soit qu'elle soit froissée par des lois barbares ou par des sentiments iniques, se réfugie dans la contemplation des préceptes de la loi morale, et en invoque incessamment l'application, sans l'obtenir jamais, au moins d'une manière complète, des pouvoirs publics. »

La séparation entre la loi positive et les théories scientifiques ou populaires, ne nous semble cependant pas aussi tranchée ; et c'est avec raison, à notre sentiment, que quelques pages plus loin, notre grand criminaliste français ajoute, que même dans les époques anciennes, on trouve dans la législation, « les vestiges d'une pensée générale... qui essaie de se glisser dans ses dispositions, non pour leur imposer un autre but, une autre fin, mais pour les tempérer et les contenir, en les rattachant aux préceptes de la justice. »

Il faut même aller plus loin. La vérité est que le sentiment de la justice, joint à une idée religieuse d'expiation, s'est presque toujours manifesté dans les lois, à côté du sentiment d'utilité qui en motive l'existence et en suscite les rigueurs. Et pour ne prendre qu'un exemple dans les législations les plus primitives, la peine du talion n'est-elle pas la conséquence brutale sans doute, mais logique en apparence, d'une justice d'expiation et d'égalité absolue ; dent pour dent, œil pour œil, voilà sa formule égalitaire. C'est cette peine que nous retrouverons dans la logique à outrance de la philosophie de Kant, précisément comme symbole de la justice absolue. La Bible manifeste aussi cette double préoccupation de l'utilité et de la justice, comme le fesait justement remarquer un de nos confrères, à la dernière séance de l'Académie.

La scission entre les doctrines de justice et les doctrines d'utilité, devait être plus marquée dans les écrits des juristes et des philosophes ; mais hâtons-nous d'ajouter que le rapprochement s'est opéré en théorie du moins, de la manière la plus parfaite ; et ce sera l'honneur de notre siècle et de notre pays, d'avoir énergiquement affirmé et répandu ces doctrines de conciliation, en les fesant pénétrer, par ses livres et par les discours de ses orateurs, dans l'opinion publique, et par suite dans les lois.

II

Voyons d'abord les représentants des doctrines de justice pure. Les uns, exclusivement animés par le sentiment religieux, légitiment la peine par la nécessité de l'expiation ; les autres, guidés par la raison philosophique, motivent la peine par l'idée de réciprocité et d'égalité. Tous partent également d'un principe abstrait de justice, et c'est ce qui fait que dans cette rapide revue du passé, nous les groupons ensemble.

Platon reconnaissait dans sa *République* (1), « que de son temps, c'est le plus fort qui gouverne, et qu'ainsi

(1) *De la Républ.*, I, p. 338 et suiv. de la traduction des œuvres de Platon, par M. Cousin.

la justice et ce qui est utile au plus fort, semblent être une seule et même chose ; » mais il affirmait au contraire dans le *Gorgias* (1), « que les punitions procurent la délivrance du plus grand des maux, du mal de l'âme. Celui, quel qu'il soit, qui ne porte pas la peine des injustices qu'il a commises, disait Platon, doit passer pour infiniment plus malheureux que personne ; l'auteur d'une injustice est toujours plus malheureux que celui qui en souffre, et le méchant qui demeure impuni, plus que celui que l'on châtie. Que si l'on a commis une injustice, il faut aller se présenter là où l'on recevra au plus tôt la correction convenable, et s'empresser de se rendre auprès du juge comme auprès d'un médecin, de peur que la maladie de l'injustice venant à séjourner dans l'âme, n'y engendre une corruption secrète qui devienne incurable..... » C'est, comme on le voit, le système de l'expiation et de la purification par la peine ; ce fut aussi la doctrine idéale et pure d'Aristote et de l'école stoïcienne.

Les lois indiennes de Manou avaient dit, « que les hommes qui ont commis des crimes, et auxquels le roi a infligé des châtiments, vont droit au ciel, exempts de souillure, aussi purs que les gens qui ont fait de bonnes actions. » C'est l'idée théocratique, en vertu de laquelle, le pouvoir social exerce le pouvoir divin lui-même sur la terre.

Donoso Cortez, et avant lui de Maistre dans les *Soirées de Saint-Pétersbourg*, se rattachèrent à cette idée, que les châtiments humains sont une satisfaction donnée à la justice divine (2).

(1) T. III de la trad. de M. Cousin.

(2) On peut voir l'admiration que manifestent les interlocuteurs du comte de Maistre pour les lois de Manou, à propos des peines ; et la célèbre description de la mission essentielle du bourreau dans la société.

L'idée d'expiation par les souffrances se retrouve, en effet, dans les doctrines du christianisme, mais purifiée et élevée, parce qu'elle impose aux coupables le devoir de se repentir, et d'accepter la souffrance comme un hommage rendu à la justice et à la miséricorde de Dieu. C'est en ce sens que l'on retrouve le système de l'expiation, dans les écrits de saint Augustin, de saint Chrysostôme, et de Tertullien. C'est dans ce sens que furent conçus de nombreux canons ecclésiastiques, en matière de pénalités.

Avec des idées et des sentiments bien différents, c'est aussi sur la notion de la justice absolue, que guidé par une logique captieuse, Kant devait édifier son système. « La peine, dit-il, doit être décernée contre le coupable par la seule raison qu'il a délinqué... Le malfaiteur doit être jugé punissable, avant qu'on ait pensé à retirer de sa peine quelque utilité, pour lui ou pour ses concitoyens. Le mal non mérité que tu fais à un autre, tu te le fais à toi-même. Si tu le déshonores, tu te déshonore toi-même ; si tu le voles, tu te vole toi-même ; si tu le frappes, si tu le fais mourir, tu te frappe, tu te fais mourir toi-même. Il n'y a que la peine du talion, qui puisse donner déterminément la quantité et la qualité de la peine. Tous les autres droits sont chancelants, et ne peuvent, à cause des considérations qui s'y mêlent, s'accorder avec la sentence d'une justice pure et stricte. » C'est la théorie, et ce sont presque les expressions que nous avons trouvées dans le *Gorgias* de Platon.

Kant arrivait par son système, à la peine du talion, qui a le tort de ne pas tenir compte de l'élément moral, et qui est, par conséquent, la négation même de la justice, malgré ses apparences. La peine du talion ne peut se justifier, qu'au point de vue de la force d'intimidation qu'elle produit, et si on tient compte en l'appliquant des éléments moraux, dans les faits que l'on punit.

Hegel, qui admettait les mêmes idées, voulut être plus pratique ; il ajouta à la théorie de la compensation du mal, la détermination de valeurs destinées à rendre son système plus raisonnable. Mais ce sont là des utopies.

La religion peut avoir son tribunal mystique, sa justice et sa pénitence, où tout repose sur l'idée de Dieu, c'est-à-dire sur la justice absolue. Tout cela est du domaine de la conscience, et s'accomplit entre l'homme et Dieu ; mais tout autre est le domaine de la justice humaine.

Ce qui rend inapplicable aux lois positives, le système de la justice absolue, c'est l'impossibilité pour l'homme d'interpréter, avec ses moyens imparfaits, cette justice qui ne peut appartenir qu'à la toute-puissance divine. Les faits purement intentionnels ne sont-ils pas souvent aussi coupables, plus coupables quelquefois, au point de vue de la morale pure, que ceux qui se sont manifestés au dehors ? Faudra-t-il punir ces faits cachés dans le secret de l'âme ? Et comment le pourrait-on ? Et si d'autre part, l'agent a reçu dans l'exécution de son crime, une blessure, un mal quelconque, n'y a-t-il pas là une souffrance que la loi devra apprécier au point de vue de la justice absolue, soit comme un commencement d'expiation, soit pour faire une équitable répartition du mal, entre le coupable et la victime, une juste compensation entre le mal physique et le mal moral ? A quelles iniquités, à quelles erreurs, à quel arbitraire ne pourrait pas conduire ce système ?

La justice humaine doit rester dans le domaine du possible, et juger sur ce qu'elle peut apprécier. C'est l'imperfection inhérente à notre nature, qui se manifeste, ici comme en tout ce qui nous touche ; et c'est pour cela que s'impose à notre âme, le besoin de considérer la justice de Dieu, comme le complément nécessaire et évident de notre imparfaite justice.

III

Mais plus dangereux encore, et d'un caractère moins élevé, parce qu'aucune idée supérieure ne les ennoblit, sont les systèmes qui excluent toute notion de justice, et ne légitiment les peines que par l'utilité de leurs ré-sultats.

Les lois positives semblent s'être appuyées quelquefois, exclusivement sur des considérations d'utilité pratique, ou même sur des passions; et alors à quels excès ne sont-elles pas arrivées?

Le système le plus primitif, ordinairement pratiqué et réglé chez les peuples naissants, est celui de la vengeance privée, se transformant ensuite, suivant l'expression très-inopportunément employée encore de nos jours, en vindicte publique. La vengeance est une passion, c'est-à-dire un mobile sans frein et sans limite, exclusif de toute justice et de toute sagesse, et nous n'y insis-terons pas.

Nous repousserons également, les théories de ceux qui justifient la peine en se basant sur l'idée de contrat social, ou de quasi-contrat. Négation de toute idée de justice préexistante, leur système repose sur la notion d'un état de nature antérieur à la société, qui n'est qu'une fiction inconsistante. . Beccaria, Blackstone, Rousseau surtout, l'ont soutenu avec le séduisant attrait de leur talent, mais ils ont méconnu la nature de l'âme humaine (1).

Au xviii⁰ siècle, apparut le système utilitaire, qui eut pour promoteur Jérémie Bentham, et pour principe de ne considérer l'origine et la limite des lois, et particulièrement

(1) Voir sur Rousseau, Cousin, *Philos. sensual.*, 7e leçon, p. 268.

des peines, que dans le caractère de leur utilité actuelle. « D'après les principes de l'école utilitaire, dit éloquemment M. Franck (1), il n'y a ni innocent ni coupable, puisqu'il n'y a ni bien ni mal. Le malfaiteur que la société rejette de son sein, ou qu'elle livre au bourreau, le soldat qui meurt sur le champ de bataille pour la défense du pays, ne sont ni plus coupables ni plus innocents l'un que l'autre ; ils sont soumis exactement à la même loi, ils sont sacrifiés à l'intérêt public C'est peut-être là ce qu'il y a de plus odieux et de plus révoltant dans cette triste doctrine... L'intérêt public ! il n'y a pas une pratique si infâme, une mesure si dégradante, une tyrannie si odieuse, une dictature si impitoyable, qui n'ait invoqué cette formule infernale, également propre à opprimer et à corrompre les nations. »

L'école historique, dont les plus illustres représentants appartiennent à l'Allemagne, Hugo, Savigny, Walter ; l'école positiviste d'Auguste Comte et de Littré ; l'école évolutionniste d'Herbert Spencer, ont cela de commun avec celles qui précèdent, que comme les écoles fatalistes ou matérialistes proprement dites, elles nient le droit naturel, c'est-à-dire la notion du bien et du mal, et que par conséquent, pour elles, l'idée de justice n'entre pour rien dans la notion du droit.

Aux systèmes utilitaires, on peut rattacher celui de Feuerbach, dit système de la contrainte psycologique, qui justifie la peine par l'effet qu'elle produit sur l'esprit du coupable, en l'incitant à s'abstenir de nuire à ses semblables, pour ne pas avoir lui-même à souffrir de la peine qu'on lui infligerait.

Dans le même ordre d'idées vient se ranger aussi, le système de la défense indirecte et préventive, soutenu

(1) *Philosophie du droit pénal.*

en Italie notamment , par Romagnosi et Carmignani.

Ces doctrines, qui ont servi de base dans notre siècle à de trop nombreuses dispositions de loi, méritent toutes les paroles flétrissantes qu'adressait M. Franck à la doctrine utilitaire, dont elles ne sont que le corollaire ou l'application.

En théorie, peut-être, les partisans de quelques-uns de ces systèmes ne méconnaissent pas ouvertement l'idée de justice; mais que nous importe, puisque cette idée est absolument en dehors de leurs conclusions. Ils ne punissent pas ce qui est injuste, ils punissent ce qu'il est utile de réprimer, pour empêcher le mal à venir, ou pour se défendre du mal présent. Mais où sera la limite de cette utilité ?

Hobbes a donné le trait caractéristique de toutes ces théories, dans cette formule funeste, mais qui a du moins le mérite de la franchise brutale, « la force n'a pas besoin de s'appuyer sur le droit. »

IV

Les deux systèmes absolus, de la justice et de l'utilité, appliqués aux lois humaines, ont donc chacun leurs lacunes graves au fond, leurs conséquences dangereuses dans la pratique. Il faut, pour trouver la vérité, chercher la conciliation de ces deux tendances, qui semblent avoir trop souvent marché l'une à côté de l'autre sans se rencontrer, quoiqu'elles fussent la manifestation de deux idées également naturelles, destinées à se rapprocher et à s'unir.

Grotius avait déjà pressenti cette union nécessaire, lorsqu'il disait : « La raison pourquoi on punit, c'est que le coupable le mérite; le but qu'on se propose en le punissant, c'est l'utilité qu'on peut retirer de la punition. » Voilà bien, en effet, les deux éléments, la justice et l'utilité rapprochés l'un de l'autre. Mais, nous aimons à le redire, ce sera l'honneur de notre siècle, et spécialement de notre pays, d'avoir réalisé cette union et de l'avoir rendue féconde.

En 1822, Guizot (1), quelque temps après, le duc Victor de Broglie (2), enfin, en 1829, Rossi (3) en fixèrent magistralement les vrais principes. « La justice humaine, dit Rossi, est un élément de l'ordre social ; la justice absolue, un élément de l'ordre moral... Un délit est-il commis, il y a eu violation d'un devoir, l'ordre moral doit être rétabli, il y a justice absolue à punir. Ce même délit trouble-t-il l'ordre social : il y a délit moral et politique à la fois... L'atteinte portée à l'ordre social par ce délit, est-elle de nature que si elle demeurait impunie l'ordre social serait troublé d'une manière sensible? la justice pénale doit agir, si elle a les moyens de le faire, sans cesser d'être elle-même, et si son action peut être effectivement utile au maintien de l'ordre social. »

On le voit, ce système considère la justice comme seule source du droit de punir, mais sans que ce droit rigoureux s'étende également à toutes les violations de la loi morale. La loi morale, en effet, comprend les devoirs envers Dieu, envers nous-même et envers nos semblables ; mais la loi humaine, tout en prenant pour base cette loi morale, ne peut sanctionner que les faits portant directement un trouble à l'ordre social dont elle peut

(1) *De la peine de mort en matière politique.*

(2) Article inséré dans la *Revue française*, de septembre 1828.

(3) *Traité de droit pénal.* — Voir aussi Cousin, argument sur le *Gorgias* de Platon. — Oudot, *Conscience et science du devoir.* — Ortolan, *Droit pénal.* — Bertauld, *Cours de droit pénal*, 6e leçon, 1873, et les systèmes divers rapportés par ces auteurs et se rapprochant, avec quelques légères différences, de celui que nous exposons ici.

sûrement constater l'existence, et dont elle doit atteindre directement les auteurs. C'est ce que M. Guizot exprimait dans un grave et beau langage (1) : « Il n'est pas vrai, disait-il, que les crimes soient punis, surtout comme nuisibles, ni que dans les peines, la considération dominante soit l'utilité. Essayez d'interdire et de punir comme nuisible un acte innocent dans la pensée de tous, vous verrez quelle révolte saisira soudain les esprits. Il est souvent arrivé aux hommes, de croire coupables et de frapper comme telles, des actions qui ne l'étaient point. Ils n'ont jamais pu supporter de voir le châtiment, tomber d'une main humaine, sur une action qu'ils jugeaient innocente. La Providence seule a le droit de traiter sévèrement l'innocence, sans rendre compte de ses motifs. L'esprit humain s'en étonne, s'en inquiète même : mais il peut se dire qu'il y a là un mystère, dont il ne sait pas le secret, et il s'élance dans un autre monde pour en chercher l'explication. Sur la terre, et de la part des hommes, le châtiment n'a droit que sur le crime. Nul intérêt public ou particulier ne persuaderait à une société tant soit peu assise, que là où la loi n'a rien à punir, elle peut porter des peines uniquement pour prévenir un danger..... La criminalité morale, le péril social, et l'efficacité pénale, ce sont les trois conditions de la justice criminelle, les trois caractères qui se doivent rencontrer dans les actions qu'elle condamne, et dans les peines qu'elle inflige. Voilà le vrai terrain où la justice légale est établie. »

V

M. Faustin Hélie, qui a si nettement exposé cette doctrine élevée, et qui a fait précéder d'une introduction dé-

______

(1) *De la peine de mort en matière politique*, édit. de 1828, p. 99, chap. VI.

taillée, et de louanges très-autorisés de sa part, le Traité de
Rossi, n'en a cependant pas adopté les idées. Il s'en
éloigne même plus en réalité, qu'il ne paraît le faire au
premier abord.

D'après M. Faustin Hélie, ce ne serait pas directement
la loi morale qui serait l'une des sources de la loi pénale, ce serait le droit de conservation qui appartient à la
société. La société étant de droit divin, dit-il, a le droit de
faire ce qui lui est nécessaire pour conserver l'existence.
C'est un droit qui lui est propre, pourquoi irait-elle
chercher ailleurs, le principe qui légitime ses actes? Mais
ne nous y trompons pas, ce droit de conservation sociale,
n'est-ce pas, sous une autre nom, la raison d'état, la loi
de salut public, capables de tout légitimer aux yeux de
ceux qui détiennent le pouvoir en leurs mains? *Salus
populi suprema lex esto*, voilà la formule arbitraire de
tous les utilitaires. En pratique, c'est celle de toutes les
politiques violentes; c'est à elle que pourrait aboutir la
doctrine de la conservation sociale, et c'est pour cela que
nous repoussons cette doctrine.

Ses tendances utilitaires se manifestent, en effet, sur
tous les points essentiels, avec leurs dangereuses conséquences. D'abord, en vertu de son principe même, elle
enlève aux lois criminelles, ce caractère de justice et de
moralité qui doit les rehausser aux yeux du peuple qu'elles
régissent, et les fait accepter, comme les conséquences
nécessaires d'un principe supérieur de droit et d'équité
reconnu de tous. Supprimez cette idée de justice, vous
direz vainement que vous vous rattachez à lui, en considérant la société comme d'institution divine; on vous ré-
pondra, avec raison peut-être, qu'il est souvent difficile
de ne pas confondre les intérêts du gouvernement, avec
ceux de la société; et que la loi qui ne se fonde pas directement sur la justice, peut bien n'être que l'acte d'un

pouvoir ombrageux, qui frappe en se préoccupant moins de la conservation sociale, que de sa propre conservation.

Il faut, en effet, avant tout, que les lois soient justes, voilà ce que disent le bon sens et la conscience ; et cependant, par une autre conséquence fâcheuse du principe de conservation sociale, ceux qui en développent les théories, rabaissent sans cesse le rôle de la loi, en lui refusant en principe, le caractère moral qui fait sa force, et en la réduisant à ne prévoir guère que des faits matériels. « La peine que porte la loi humaine, n'est point mesurée sur l'infraction morale, mais sur la gravité du dommage, » d'après M. Faustin Hélie. « La loi doit tenir compte du mal moral lui-même, ajoute-t-il, quand ce mal se révèle clairement à ses yeux, quand elle peut l'atteindre et le constater, quand il constitue un élément ou une aggravation du mal social... Mais c'est là un *élément accessoire* qui a plutôt pour objet de déterminer la raison de la peine que son application. La loi frappe *les faits matériels*, le *jugement recherche les faits moraux* qui s'incorporent aux premiers et les modifient. » Ce sont là des propositions que l'on ne saurait admettre sans danger, et qui, à notre avis, révèlent le vice des principes dont elles découlent. Non, il ne peut pas être vrai, croyons-nous, que les faits moraux doivent constituer un *élément accessoire* dans la loi pénale, et que ce soit à l'arbitraire du juge qu'il faille s'en rapporter à cet égard, pour classer les faits et graduer les peines.

Est-ce que les lois criminelles françaises dont M. Faustin Hélie s'est fait l'éminent interprète, ne sont pas, dans toutes leurs dispositions, fondées sur des considérations de moralité ? Faudrait-il donc les réduire à être cet instrument inconscient qui ne peut désigner que les faits matériels ? Sur quoi repose, si ce n'est sur des éléments purement moraux, la distinction entre l'homicide par imprudence, le meurtre et l'assassinat, par exemple ? Est-ce que cette distinction ne pouvait pas être faite par la loi ? La tentative punissable se distingue de celle qui ne l'est pas, par l'élément moral ; c'est par là aussi, que les crimes et les délits se séparent des contraventions ; les théories capitales sur l'imputabilité, la complicité, le recel, la légitime défense, les excuses en général, la non rétroactivité des lois, se rattachent uniquement aux mêmes considérations.

La loi a pu, et elle a dû traiter dans tous ces cas l'élément moral, non comme un accessoire, mais comme l'élément principal et caractéristique des faits qu'elle punit. Il y a là, non-seulement la raison des peines, mais la condition et la mesure même de leur application. Voilà ce que contient notre législation, encore susceptible de progrès à cet égard ; mais déjà remarquablement humaine et sage.

C'est le caractère propre et l'influence fatale des doctrines utilitaires, de dessécher ce qu'elles touchent, de rabaisser le rôle des lois, de détruire en elles ce qui les légitime aux yeux de tous, et leur donne leur véritable noblesse, leur caractère moralisateur, d'honnêteté, d'utilité et de justice.

Au reste, par l'essor naturel de son esprit, notre illustre criminaliste devait, comme à son insu, s'élever au-dessus de ces froides conceptions. N'est-ce pas lui qui, pour caractériser l'autorité du droit sur les nations, disait dans un langage dont aucun partisan du principe de justice absolue n'a certainement dépassé l'élan et l'énergie : « La justice humaine puise son principe et sa force dans la loi sociale, dans la justice morale. Elle tend incessamment, en protégeant l'ordre matériel de la société, à s'approprier les règles de cette justice, à en refléter les lois. C'est parce que certaines actions sont injustes, en même temps que dangereuses, c'est parce qu'elles blessent la conscience en même temps que l'intérêt social, qu'elle s'en empare et les punit. Or, les règles de cette justice, ne s'arrêtent point aux limites qui séparent les peuples ; elles dominent toutes les nations ; elles planent sur l'humanité entière ; les actions qui blessent la loi morale ont partout le même caractère ; les crimes communs sont partout des crimes. Il est une justice sociale universelle qui résume toutes les justices nationales ; celles-ci peuvent s'en écarter sur quelques points particuliers, mais elles se confondent dans l'incrimination générale, et dans la punition de ces attentats que la conscience de tous les peuples a couverts de la même réprobation. » Peut-on plus éloquemment tracer le rôle prépondérant de la justice dans les lois humaines, et combien sommes-nous au-dessus de la conception de ces tristes lois, où l'élément moral ne devrait être qu'un accessoire muet.

VI

Mais, dit-on, comment déterminer ce qui est juste ; ce qui est en proportion avec la peine à fixer ? N'est-on pas obligé de reconnaître, comme Rossi, que le rapport de la peine avec le crime n'est qu'une vérité d'intuition, qu'elle ne se démontre pas ? Or, cela n'est-il pas absolument vague et incertain ? Comment établir une équation entre un fait matériel, la peine, et un fait moral, le délit, dont la valeur est inconnue ? Nous ne nions pas la difficulté de cette appréciation ; ce que nous soutenons, c'est que toute loi doit être juste ou ne pas être ; et qu'il est plus difficile, plus dangereux encore de légitimer la loi pénale, d'en déterminer les proportions et la mesure, par des considérations de conservation sociale, que par les indications de la conscience.

Extensible jusqu'à l'arbitraire et à la tyrannie, dans les gouvernements sans contrôle, et même dans tous les Etats pendant les périodes agitées de leur vie politique, le principe de conservation sociale, est, d'autre part, absolument insuffisant à justifier directement un grand nombre de dispositions pénales, cependant très-opportunes et très-sages. Par exemple, les lois sur les contraventions, la pêche, la chasse, ne touchent pas à la conservation de l'Etat d'une manière directe ; il en est de même de toutes les dispositions, qui se rattachent à des progrès matériels ou moraux à réaliser, plutôt qu'à la conservation de ce qui existe.

Au contraire, au point de vue de ce qui est équitable et juste, les dispositions pénales qui accompagnent ces lois, s'expliquent sans peine. Punissez les délits de chasse et de pêche, non pour réserver le gibier ou le poisson à des privilégiés, mais pour le préserver comme des choses *nullius*, dont tout le monde peut tirer un profit et même seulement un agrément ; établissez des impôts, non pour satisfaire les caprices d'un homme, mais pour réaliser des améliorations dont la société toute entière bénéficiera ; créez des obligations répondant à des services rendus, à des avantages matériels ou moraux, offerts à tous, sans inégalités et sans faveurs ; protégez, par des lois répressives, nos voies, nos promenades, nos jardins publics : il ne s'agit pas de conservation sociale proprement dite, dans ces dispositions, et cependant, ces lois seront trouvées justes, on acceptera sans étonnement et sans murmure, la sanction pénale destinée à les garantir. Il y a là une loi naturelle d'équilibre, un sentiment d'équité que chacun peut peser dans sa conscience, qu'il apprécie, en effet, dans la réalité des choses, qui fait accepter la loi, et lui donne son autorité et sa force. « Les lois, dit encore M. Guizot (1) puisent plus de force dans la conscience des hommes, que dans leurs peurs. »

(1) *Loc. cit.*, chap. III, p. 34.

Avons-nous besoin de faire remarquer, enfin, que l'étendue du droit de conservation étant déterminée exclusivement par l'autorité gouvernementale chargée d'en apprécier les nécessités ou les besoins, le principe de justice est évidemment plus libéral, car il invoque comme guide, un sentiment naturel et général; il admet implicitement le public à juger la loi, puisqu'elle doit être, avant tout, conforme à ces sentiments d'honnêteté instinctive communs à tous les hommes. Le législateur trouvera là un criterium plus certain, plus infaillible, malgré ce qu'il peut avoir d'indéterminé, que dans tous les calculs de l'intérêt et de la raison.

Notre principe se résume donc dans cette proposition, à la fois utilitaire et morale, que le bon sens public considère comme l'évidence même, et dont il n'entendrait peut-être pas contester les termes en sa présence sans émoi, que toute loi doit être utile, et que surtout elle doit être juste (1).

C'est renverser l'ordre naturel des choses, que de mettre au-dessus de tout, l'idée de conservation sociale, c'est-à-dire la conservation de l'Etat qui personnifie la société. C'est l'Etat qui est établi pour le bien des sujets, et non les sujets pour le bien de l'Etat. Si l'Etat, par l'action du

(1) V. *Revue du droit international*, 1875, p. 32, un savant article de M. Brocher, qui se rapproche de cette théorie, mais en restreignant trop le rôle de la morale dans la loi. — V. aussi un article de M. Molinier sur les travaux et les doctrines de M. Carrara, *Recueil de l'Académie de législation de Toulouse*, 1873, p. 42; et une brochure du même auteur, sur le droit de punir et la peine de mort. (Extrait du *Recueil de l'Académie des sciences de Toulouse*, 1848.) — Oudot, *Conscience et science du devoir*, IIIe partie, liv. II, tit. II. — La Faculté de droit de Paris s'est rattachée aussi à la doctrine que nous exposons, dans les observations formulées en son nom, par M. Ortolan, sur les modifications à faire au Code d'inst. crim., *Revue de législat.*, 1847, p. 108 et suiv. — Ortolan, *Dr. pén.*, p. 81 et suiv. Paris, 1875.

gouvernement, assure l'ordre et la justice, il doit trouver dans ce fait même, le moyen unique et nécessaire d'assurer sa propre conservation. Mais faire de la conservation de l'Etat le but de la loi, c'est changer les rôles, car l'Etat, tout nécessaire qu'il soit, n'est qu'un intermédiaire et qu'un moyen. Il est le représentant de la justice, c'est par elle qu'il vit, c'est elle avant tout qu'il doit faire respecter, comme le principe de son existence et comme le but de toutes ses actions.

Ainsi toute loi doit être juste, c'est-à-dire motivée au point de vue du bien qu'elle sanctionne et qu'elle établit ; les lois pénales doivent, en outre, être utiles, elles doivent même être plus, elles doivent être nécessaires ; c'est-à-dire qu'elles doivent constituer une sanction matérielle sans laquelle les devoirs légaux qu'elles garantissent, resteraient certainement inexécutés.

Les lois pénales, en effet, sont des dérogations au droit commun de la propriété, par les amendes ou la confiscation ; de la liberté, par l'emprisonnement ; du droit de conservation individuelle même, par la mort ; ces dérogations rigoureuses doivent être d'une nécessité absolue pour être légitimes.

Il résulte de cette considération, que les degrés de sévérité des lois pénales, devront être proportionnés à leur nécessité. Ce qui reste constant, c'est que l'on ne peut punir que des injustices ; ce qui varie, c'est le procédé employé pour les punir.

« La société, dit notre savant collègue M. Molinier (1), s'arme contre les mauvaises actions, toutes les fois qu'elle le juge utile, et frappe dans une mesure qu'elle base sur la moralité de l'acte et sur les nécessités de sa propre défense. »

(1) *Programme du cours de droit criminel professé à la Faculté de Toulouse,* p. 11, 1881.

Nous disions que ces théories de MM. Guizot, de Broglie, Rossi, ces théories essentiellement françaises, n'étaient pas seulement belles, qu'elles avaient aussi été fécondes. « Il semble, en effet, dit M. Faustin Hélie, en parlant du Traité de Rossi, que toutes les législations pénales, accusées par cette voix puissante et traduites à la barre de l'opinion publique, se soient inclinées devant ce jugement souverain : elles se sont presque unanimement transformées. C'est à partir de ce moment, en effet, que des études ont été commencées dans la plupart des Etats de l'Europe, sur les lois criminelles, et qu'un mouvement général de réforme s'est manifesté. »

VII

Les nécessités de la défense varient suivant les lieux et les époques. En tout cas, comme le dit encore le savant collègue que nous aimerons toujours à appeler notre maître, les peines doivent être personnelles, divisibles, égales, certaines, rémissibles et réparables, morales, populaires, exemplaires réformatrices. On comprend que ces divers effets se modifieront profondément, suivant l'état de la civilisation et des mœurs.

Dans les temps de barbarie, les peines doivent être rigoureuses pour être exemplaires ; dans tel pays civilisé, tel acte doit être plus sévèrement traité que dans les autres, parce que les circonstances ou les mœurs en rendent l'accomplissement plus dangereux, plus facile, ou plus fréquent.

C'est cette mesure de l'utilité, qui nous paraît être aussi la base du droit de répression, dans les rapports internationaux. Là aussi, pour qu'une poursuite soit légitime, il faut que la répression soit juste, et qu'elle soit utile à celui qui l'exerce. En établissant ces propositions au point de vue de l'autorité des lois, nous pouvons dire que nous les avons implicitement établies, au point de vue de l'étendue de leur application dans l'espace. Mais n'anticipons pas ; avant d'arriver directement à cette conclusion, une autre question nous reste à résoudre : A qui appartient le droit de punir ?

VIII

Ce droit appartient normalement, à l'Etat, représentant de l'intérêt général en vue duquel la peine est établie. Mais c'est une question vivement controversée, de savoir si ce droit de punir appartient à l'individu, lorsque l'Etat ne peut pas l'exercer pour lui, par exemple, dans les temps primitifs de la société.

La question peut se poser dans des termes identiques, par rapport aux nations, individualités naturelles, unies par d'incessantes relations, soumises aux mêmes lois morales, mais au-dessus desquelles n'existe pas une autorité commune pour exercer le droit de punir. Et c'est ainsi, en effet, que la question a été envisagée par les auteurs qui se sont spécialement occupés de nos matières : « La peine suppose un supérieur qui l'inflige, et un inférieur qui la reçoive, dit M. Tissot (1), il n'y aura donc pas de peine légitime entre égaux, c'est-à-dire en dehors de la société, à l'état sauvage, entre les nations. Locke, Grotius, Barbeirac, Filangieri, Burlamaqui, Vattel, Rotteck, ont au contraire soutenu, que l'individu, lui aussi, a le droit de punir, quand la société ne peut pas le faire pour lui ; que la société n'est investie d'aucun droit qui, sous une forme ou sous une autre, n'appartienne déjà aux individus. Grotius dit (2) : « La nature ne détermine

(1) *Loc. cit.*, p. 296.

(2) L. II, ch. XX, III, *Traité de la guerre et de la paix*.

pas quel est celui dans lequel réside ce droit de punir. »
Examinons d'abord la question par rapport aux individus,
nous l'étudierons ensuite dans les rapports des Etats.

Les faits dommageables peuvent faire naître au profit
de la partie lésée, des droits divers, très-distincts du
droit de punir. Ce sont les droits de légitime défense,
de préservation, de réparation, qui proviennent directement des droits naturels de conservation individuelle,
de propriété, et d'autres droits également légitimes par
eux-mêmes et dans leurs conséquences.

Ces droits de légitime défense, de préservation, de
réparation, n'impliquent que des relations d'égal à égal.
Si des difficultés s'élèvent à leur sujet, sans doute il sera
utile de faire intervenir les formes et les garanties de la
justice ; mais en eux-mêmes, ces droits appartiennent
aux particuliers, qui peuvent s'en prévaloir directement,
parce que c'est leur intérêt qui est directement en jeu.

En est-il de même du droit de punir ? Non évidemment,
ce droit implique une idée de supériorité. Le bon sens
indique, par exemple, qu'un père pourra punir son fils, et
que le contraire ne saurait avoir lieu, ni en fait, ni en droit.
Grotius reconnaît la nécessité de cette supériorité, mais il
la borne à ceci, que celui qui veut punir un crime, doit
avoir la supériorité de ne l'avoir pas lui-même commis ;
et il invoque cette parole de l'Evangile dont il dénature
manifestement le caractère : « Que celui qui est sans
péché, lui jette la première pierre » (1).

Le droit de punir est un droit établi dans l'intérêt
général. Si l'individu peut être délégué, en principe, à
la grave mission de représenter l'intérêt général en pareille matière, le droit de punir lui appartiendra, si non,
il devra lui être refusé. La nature a établi cette déléga-

____

(1) Grotius, *loc. cit.*

tion à l'égard des pères sur leurs enfants ; toutes les lois humaines ont sanctionné cette autorité et consacré le droit de garde et de correction dans la famille. Mais l'individu, même lorsque la société n'intervient pas, et qu'il serait cependant utile de punir en son nom, dans un but d'intimidation générale, de moralisation, et de réformation, a-t-il en ses mains les moyens d'accomplir cette mission élevée ? Offre-t-il, dans son esprit et dans son cœur, ces garanties d'impartialité, de modération, et de haute justice, qu'implique le droit redoutable de répression ? Nous ne saurions l'admettre. Ceux qui ont résolu la question dans un autre sens, ont eu le tort de se placer sur le terrain absolument hypothétique et faux, de l'état de nature en dehors de la société Là ils ont pu discuter dans le domaine des abstractions. Mais si on prend l'homme tel qu'il est, si on l'examine dans les réalités de la vie, dans les faits de l'histoire, on voit bien que ces vérités se sont toujours imposées à lui, même aux temps des civilisations les plus primitives.

Quelle est la peuplade sauvage qui n'a ses sages, ses vieillards, ses juges, ses chefs ou ses rois, chargés de résoudre les différends et de punir les coupables. Cette reconnaissance du pouvoir judiciaire est pour ainsi dire le premier acte de la vie civilisée ; et s'il est vrai que le système de la vengeance privée se produise naturellement comme l'effet instinctif des passions, on voit incontinent l'instinct social règlementer ce droit, substituer le droit de la famille à celui de l'individu, la vengeance publique à la vengeance privée, les compositions pécuniaires aux violences ; jusqu'au moment où, prenant son essor, la justice répressive ne laisse plus aux particuliers, que le droit de se plaindre, et réserve à la puissance sociale seule, le droit de juger et de punir.

Comment doit s'établir cette puissance sociale, quel

est son principe et quels sont ses moyens légitimes? Ce sont là des questions dans le détail desquelles nous ne pouvons, ni ne devons entrer ici. Nous supposons un pouvoir légalement constitué; nous disons que le droit de punir existe, que ce droit a son principe dans la justice et ses limites dans la nécessité de son application, qu'enfin c'est au pouvoir ainsi légalement constitué à l'exercer pour arrêter le mal, et en prévenir le retour, pour moraliser le coupable et la société toute entière par l'effet de l'exemple. Seul le pouvoir social est suffisamment élevé au-dessus des considérations individuelles, pour que l'on puisse lui confier utilement, sous l'autorité de la justice éternelle, la garde de ces intérêts supérieurs, et l'exercice du droit redoutable qui les garantit.

Il nous reste à faire l'application de ces considérations sur le droit de punir, ses principes et ses procédés d'application, aux relations internationales; c'est l'objet du troisième chapitre de cette étude théorique.

CHAPITRE III

PRINCIPE ET ÉTENDUE DU DROIT DE PUNIR EN MATIÈRE INTERNATIONALE.

« L'utilité n'est pas le fondement du droit, comme le disent les utilitaires, mais elle est seulement un moyen dont se sert la Providence pour conduire les individus et les peuples au règne du droit. » Ces belles paroles de Vico, s'appliquent d'une manière saisissante aux vérités dont nous tâchons ici, d'établir et d'éclairer les notions exactes. C'est, en effet, par la multiplication incessante des relations entre les États, que la nécessité de régler ces relations a surgi; et la tendance persistante des règles admises, a été de se rapprocher de la véritable notion du droit, *ubi societas ibi jus.*

De toutes les branches du droit international public, la justice criminelle était celle, peut-être, qui devait subir le plus directement l'influence féconde de la nécessité; et celle aussi, qui devait rencontrer le moins d'obstacles à son développement naturel; il est facile d'expliquer ce fait.

Mais avant tout, il est essentiel de préciser le sens que nous voulons donner à ces mots, de justice ou de droit criminel international. Nous n'entendons pas parler ici, des relations entre les Etats à l'occasion des méfaits qu'ils peuvent commettre eux-mêmes, et se reprocher respectivement, comme êtres collectifs. C'est au contraire, là surtout, que le droit trouve dans les passions nationales, ou dans les ambitions des gouvernements, d'incessants obstacles à sa juste application. C'est dans ces domaines, élevés cependant, que l'influence du droit serait surtout bienfaisante, puisqu'elle seule pourrait arrêter les conflits vraiment graves, par l'importance des intérêts en jeu, par la difficulté de leur solution, et plus encore par leur redoutable et terrible conséquence, qui est ordinairement la guerre.

Le sujet de nos études a une portée moins haute. Au surplus, il ne peut pas exister à proprement parler, de droit criminel dans ces relations de peuple à peuple. Le droit de punir, nous l'avons dit, implique de la part de celui qui l'exerce une supériorité; et le principe essentiel du droit international, est l'indépendance et l'égalité des Etats. Nous pourrons dire seulement, en ce qui les concerne, ce que nous disions à l'égard des particuliers aux époques les plus primitives, lorsque l'Etat est impuissant à les protéger : c'est à eux à exercer la justice, dans leurs intérêts respectifs. Ce mot si souvent répété, que nul ne doit se faire justice à soi-même, n'est vrai que dans les civilisations où le pouvoir central peut accomplir cette mission qui lui appartient. Mais si l'Etat ne peut intervenir, faudrait-il donc se faire scrupule de protéger soi-même sa famille, ses biens et sa vie, ou de les défendre par la force? Evidemment non.

Telle est la situation actuelle des Etats dans leurs relations. Sans avoir le droit de répression les uns à l'égard des autres, les Etats ont plus que le droit de légitime défense. Nous avons eu déjà l'occasion de le démontrer, en parlant du droit de la guerre. Ils peuvent lorsque leur force matérielle ou leur autorité morale leur en donne les moyens, agir non-seulement pour réprimer les excès dont ils ont eu à souffrir, mais encore pour les faire cesser dans le présent et même les empêcher dans l'avenir. Mais punir, dans le sens précis de ce mot, c'est-à-dire prétendre à réformer par l'intimidation, à moraliser par l'emploi de la force, à rassurer par l'exercice du pouvoir, c'est un droit que les Etats n'ont pas les uns envers les autres.

Ici, nous n'avons à parler que des infractions commises par les particuliers. Or bien des obstacles se sont déjà aplanis sur ce terrain; d'immenses progrès sont réalisés, et continuent à se manifester sous toutes les formes.

Lorsqu'un individu a commis dans son pays une infraction à la loi de ce pays, au préjudice d'un de ses compatriotes, et qu'il est saisi sur le lieu même de son méfait, il ne peut s'élever aucune difficulté sur la compétence locale du tribunal qui doit le juger, et sur la loi à appliquer. Mais si nous supposons qu'une seule de ces circonstances vienne à se modifier, la compétence d'après les lois intérieures elles-mêmes peut se déplacer, et le conflit peut s'élever entre des tribunaux de même ordre. Le conflit devient international, lorsque c'est entre des lois et des tribunaux de nationalités différentes, que se produit la difficulté.

C'est ce qui peut se produire, à raison de la nationalité de l'agent, ou même de la victime, de la nature de l'acte, et des intérêts qu'il peut atteindre dans une nation autre que celle où il a été commis.

Les questions se multiplient à l'infini sur ces données, en ce qui concerne le droit de poursuite, l'effet des jugements, les effets de l'asile ou de l'extradition.

Voilà l'objet de nos études : on le voit, c'est à l'occasion d'une infraction d'ordre privé le plus souvent, et au sujet d'un simple particulier que la difficulté se soulève ; et ce sont précisément ces circonstances, qui favorisent le développement, le progrès des relations internationales à cet égard.

D'une part, en effet, la question étant d'intérêt privé dans son application à chaque espèce, les passions populaires, les convoitises ou les susceptibilités nationales sont moins en éveil, que s'il s'agissait de questions d'ordre plus général ; l'accord est plus facile lorsque les mœurs et les intérêts y poussent.

D'autre part, les particuliers objet de ces conflits sont par eux-mêmes, sauf, parfois, dans les matières politiques, d'un caractère peu intéressant, souvent même ils sont l'objet de la réprobation générale ; et la science ou la justice ont plutôt à diriger le mouvement de l'opinion dans le sens de la modération, qu'à en accélérer la marche dans celui de la répression.

Enfin, l'époque actuelle est particulièrement favorable à l'entente des Etats, au moins en ce point.

Les mœurs, les intérêts, les goûts, les besoins nouveaux, tout aujourd'hui porte aux relations internationales, et les moyens de locomotion s'y sont prêtés d'une façon merveilleuse. Les distances disparaissent, les obstacles naturels s'effacent comme les préjugés. L'exil a perdu une partie de ses rigueurs par la facilité de ces relations ; la

fuite n'a plus de difficultés ; et le scandale de l'impunité
produit souvent de détestables effets, en même temps
dans le lieu du crime et dans le lieu où s'est réfugié le
criminel.

Il y a dans ces circonstances, des nécessités nouvelles,
qui s'imposent à la conscience publique, en même temps,
qu'aux intérêts de sécurité et de paix intérieures ; les
Etats ne pouvaient pas en méconnaître la gravité, et
l'accord nécessaire entre eux s'est établi avec beaucoup
plus de facilité, sur ce point que sur bien d'autres.
Examinons sur quelles bases cet accord devait s'établir.

Remarquons-le bien, tout d'abord, ce ne sont jamais
des dispositions de droit international qu'il s'agit d'appliquer à la répression des infractions ; ce que le droit
international a à régler ici, c'est le point de savoir quelle
est l'étendue respective de chacune des lois intérieures
des peuples, et par quels procédés les divers Etats sont
tenus d'en assurer l'application.

Pour résoudre ces difficultés, il faut savoir d'abord à
quelle étendue peut prétendre par elle-même chaque loi
positive nationale, dans l'exercice du droit de répression ;
il faudra ensuite, déterminer les limites qui devront lui
être imposées par les lois des autres Etats ; en d'autres
termes nous aurons à rechercher, si deux droits reconnus
sont en conflit, quel est celui qui doit l'emporter.

Les opinions sont très-opposées sur ces divers points,
parce que les solutions se rattachent naturellement, au
principe philosophique duquel on fait dériver le droit de
punir.

Si on fait découler ce droit du système de la justice
absolue, son application ne saurait être modifiée en principe, par les circonstances matérielles de la nationalité de
l'agent ou du lieu de perpétration ; il est immuable et
universel. Chaque Etat pourra poursuivre le crime tou-

jours et partout; ce droit ne subit que les obstacles de fait, il n'en reconnaît pas en droit.

D'après les théories utilitaires, on peut se laisser aller aux mêmes excès. Leur domaine n'a pas de limites, mais on peut aussi tomber dans l'excès contraire, et se montrer trop exclusivement national, c'est ce qui est arrivé le plus souvent par le fait de ces théories.

Bien plus humaine et bien plus sage dans ses conséquences, est la doctrine que nous avons adoptée, celle des Rossi, des Broglie, des Guizot; celle qui prend l'homme tel qu'il est avec ses grandeurs morales et ses tendances vers le beau et le bien infini, mais aussi avec son insuffisance et la faiblesse de sa nature bornée de toutes parts. La peine, pour être légitime, doit être à la fois juste et nécessaire, tel est le principe qui doit nous diriger dans nos recherches pour déterminer à quelles nations appartient le droit de punir, et si plusieurs ont ce droit, dans quel ordre elles doivent l'exercer; le principe reste identique, en droit international, à ce qu'il est dans son application aux lois intérieures.

Il est un premier droit, incontestablement admis par tout le monde, sous le nom de principe de la territorialité de la loi pénale, en vertu duquel chaque Etat a le droit de réprimer toutes les infractions commises sur son territoire, quelle que soit la nature du fait ou la nationalité de l'agent. La question débattue est celle de savoir si ce principe est exclusif de tout autre, ou si, au contraire, il doit se compléter par d'autres règles, qui étendent l'autorité de la loi en dehors du territoire national; en d'autres termes, s'il faut admettre aussi, ce que l'on appelle l'exterritorialité de la loi pénale. Alors des conflits peuvent surgir.

Nous traiterons successivement toutes ces questions, et à cet effet nous diviserons cette partie de notre étude en quatre sections. Nous nous occuperons dans une première section, qui ne présentera pas de graves difficultés, du principe de la territorialité, c'est-à-dire des infractions commises sur le territoire, soit par les nationaux, soit par les étrangers. Dans une deuxième section, nous parlerons des infractions que les Etats ont le droit de réprimer, même quand elles se sont produites hors du territoire. Nous examinerons dans une troisième section, les conflits résultant des lois ou des jugements de diverses nations, par rapport à un même fait. Ces trois premières études ont spécialement pour objet, de déterminer l'autorité de la loi. Dans une quatrième section, nous aurons à parler plus spécialement du droit de poursuite et d'exécution ; nous y établirons les principes du droit d'asile, d'extradition et d'expulsion.

SECTION I

Des infractions commises sur le territoire.

D'après le principe de la territorialité, la loi pénale doit être appliquée à l'auteur de toute infraction commise sur le territoire, quelle que soit sa nationalité. A cet égard, les contestations seraient difficiles à soulever d'une façon sérieuse. Le principe posé par l'article 3 du Code civil français est universellement admis, partout « les lois de police et de sûreté obligent ceux qui habitent le territoire. » « Habiter le territoire, c'est se soumettre à la souveraineté » (1). « Les étrangers entrés sur le territoire national ayant le droit d'être protégés par nos lois, ont en retour le devoir de les connaître, et de les respecter

---

(1) Portalis, Exposé des motifs. — Cette citation est empruntée par Portalis au *Contrat social*. — V. Bertauld, *Cours de Droit pénal*, 7ᵉ leçon, 1873. — F. Hélie, *Instruct. crim.*, II, p. 498.

toutes indistinctement, quelles qu'en soient la nature et le but » (1). Les lois pénales ont pour but de rétablir l'ordre troublé et de le maintenir, qu'importe la nationalité de l'auteur du trouble; la nécessité s'impose, il faut s'y conformer. Mais l'élément moral ne doit pas cependant être négligé, et nous devons toujours retrouver cette sage pondération de la loi.

Ne pourrait-on pas dire, par exemple, qu'en dehors des conditions ordinaires d'imputabilité, l'étranger peut invoquer une circonstance spéciale, en ce qui concerne la responsabilité morale de son acte? Doit-on lui appliquer, comme aux nationaux, cette présomption nécessaire et rigoureuse pour tous, mais qui pourrait le devenir pour lui jusqu'à l'injustice, que nul n'est censé ignorer la loi? Le bon sens, et aussi l'intérêt que les nations ont à se montrer humaines et justes envers les étrangers, indiquent que l'assimilation ne saurait être complète Nous adoptons donc, la solution aujourd'hui soutenue par des jurisconsultes nombreux et très-autorisés, et en vertu de laquelle une distinction doit être faite. Pour l'étranger, l'ignorance de la loi doit être admise comme excuse justificative, s'il s'agit de lui appliquer des dispositions purement réglementaires, qu'il aurait été en fait dans l'impossibilité de connaître, et dont on ne peut pressentir l'existence. MM. Demolombe, de Pastoret, Boullenois et Molinier en France, Haus en Belgique, Carrara en Italie, donnent à cette opinion l'appui de leur adhésion (2). Une question restera cependant en suspens : une autre nation n'a-t-elle pas aussi le droit de poursuite et de

(1) Mancini cité par Fiore, *Traité de Droit international*, t. I, p. 2.

(2) V. un travail de M Molinier sur les travaux de M. Carrara, au *Recueil de l'Académie de législation de Toulouse*, 1870-80, et les autorités citées en note, p. 209.

répression à raison de ce fait commis par rapport à elle en pays étranger? C'est ce que nous aurons à examiner dans la suite de ce travail.

Des difficultés peuvent s'élever encore, sur le sens et l'étendue que l'on doit donner au mot territoire. Faut-il l'appliquer à une partie de la mer, aux navires de commerce ou de guerre, aux lieux que couvre la fiction de territorialité? Comment doit-on entendre la règle : là où est le drapeau, là est la France? Ce sont des questions de détail que l'on aurait à résoudre dans la partie pratique de cette étude, nous n'avons, ici qu'à poser le principe et à en justifier l'existence.

Cette compétence à raison du fait accompli sur le territoire, se nomme la compétence territoriale; elle est la plus nécessaire et la plus juste de toutes; c'est pourquoi en cas de doute, nous lui donnerons toujours la prépondérance sur les autres.

Il est certain, d'ailleurs, que si l'auteur du fait punissable, quelle que soit sa nationalité, ne peut être saisi, il peut être condamné tout de même, par contumace ou par défaut sur le lieu de son méfait. La condamnation par contumace ou par défaut, produit des effets, même à l'égard des étrangers; elle substitue la prescription du droit d'exécution à la prescription de l'action qui est plus courte; si le contumax a des biens en France, ces biens pourront être séquestrés. Ces poursuites et ces condamnations devront donc se produire, même par rapport aux étrangers; leur utilité au point de vue de l'effet moral est d'ailleurs incontestable, et l'on peut dire que tout le monde est d'accord sur ce point.

SECTION II

Des actes que les Etats peuvent réprimer même quand ils sont accomplis hors du territoire.

I

Les questions se multiplient et se compliquent, lorsque ce n'est plus seulement la nationalité de l'agent qui est en jeu, mais lorsque le lieu de l'infraction, ou bien encore le lieu où le coupable peut être saisi, viennent faire naître des conflits d'intérêts ou de droits entre les Etats.

Faisons observer d'abord, que l'on ne doit pas confondre l'autorité de la loi, avec son droit d'exécution.

Le droit d'exécution est toujours limité au territoire, et ne saurait jamais s'étendre au-delà. Ce n'est qu'en dehors du monde civilisé, et par conséquent hors du domaine du droit international proprement dit, que le droit d'exécution peut franchir les frontières, pour réprimer directement chez des peuples barbares ou sauvages, des actes de violence ou de brigandage que, l'on ne saurait arrêter autrement.

Il résulte de renseignements publiés à l'occasion de l'expédition des Français contre les Kroumirs, que même avant la guerre de Tunisie, le Bey, par exemple, ne s'était jamais opposé à ce que nos troupes pénétrassent sur son territoire, pour châtier les brigands qui s'y étaient réfugiés, après avoir commis des déprédations sur le territoire de nos possessions algériennes ; et la France n'a jamais douté qu'elle pût agir de cette manière. Mais entre nations civilisées, les choses se passent autrement ; les frontières des Etats sont scrupuleusement respectées par leurs agents respectifs, même lorsque ces frontières ne consistent que dans une ligne de démarcation purement idéale, comme cela se produit, par exemple, entre la France et la Belgique.

Autre chose est l'exécution, autre chose est l'autorité
de la loi. Sans supposer le droit d'exécution à l'étranger,
le droit positif intérieur et le droit international peuvent
admettre, qu'un acte accompli dans un pays, constitue la
violation de la loi d'un autre pays, la question d'exécution restant d'ailleurs réservée. « Ce qui est vrai, disait
la Cour de cassation consultée sur le projet de loi de
1866, c'est que le droit de punir au nom de la loi française ne peut s'exercer qu'en France; ce qui est erroné,
c'est que l'acte punissable sur le sol étranger, ne puisse
dans aucun cas être régi par cette loi. » Nous ne parlons
ici, que de l'autorité de la loi, non de son exécution.

Dans le passé, comme dans le présent, la doctrine et
les lois présentent un désaccord complet sur cette matière
de l'exterritorialité des lois pénales. D'une part, on se
refuse absolument à l'admettre, c'est ce que l'on peut
constater à certaines époques, dans les législations anciennes; et l'Angleterre ainsi que les Etats-Unis se déta-
chent avec peine de ces traditions, que soutient l'école
utilitaire, comme une conséquence de son principe.

D'autre part, les théories du droit absolu admettant
l'ubiquité de la loi, posent au contraire l'exterritorialité
comme le principe du droit commun (1); et quelques
écrivains contemporains, tout en rejetant le principe du
droit absolu, se rapprochent cependant de ces idées;
c'est le sentiment actuellement prédominant en Italie.

La loi française a pris un moyen terme, qui nous
paraît, sauf quelques modifications désirables, répondre
aux besoins de notre état de civilisation (2).

_____

(1) V. notamment Pinheiro Ferreira, *Cours de Droit public*, t. II,
p. 32 et suiv., 179 et suiv.

(2) V. Weathon, *Eléments de Droit international*, t. I, p. 181.
Thézard, *Revue pratique*, 1866, p. 300. — Fœlix, *Droit international*

Il est évidemment faux, en effet, et dangereux de croire, qu'un Etat ne doive s'intéresser qu'aux faits qui se produisent matériellement sur son territoire. Il est facile de démontrer, que l'utilité peut au contraire, se faire sentir très-directement pour lui, à raison de trois ordres de circonstances que nous allons étudier, et qui proviennent, soit de la nature du fait, soit de la nationalité de l'agent, soit de la nationalité de la victime.

II

Parlons d'abord des circonstances se rattachant à la nature même du fait.

Il est des actes qui, quoique commis à l'étranger, sont destinés à produire leurs effets directs sur notre territoire ; la nécessité de les réprimer se fait aussi énergiquement sentir, que s'ils s'y étaient entièrement accomplis. Et quant à leur immoralité, bien loin d'en être atténuée, on pourrait dire qu'elle s'aggrave de cette sorte de guet-a-pens qui consiste à se placer à l'abri d'un obstacle légal, des frontières de l'Etat, comme s'embusque un assassin, pour mieux diriger ses coups et atteindre sa victime sans danger pour lui-même.

Cette hypothèse se réalisera, par exemple, dans le cas prévu par l'article 7 du Code d'instruction criminelle réformé en 1866, où il s'agit de crimes attentatoires à la sûreté de l'Etat, ou de contrefaçon du sceau de l'Etat, ou de monnaies nationales ayant cours, de papiers nationaux, de billets de banque autorisés par la loi.

privé, 3e édition, t. II, p. 295. — Pour les auteurs allemands et italiens les plus récents, V. Brocher, *Revue de Droit international*, 1875, p. 22, Etude sur les conflits de législation en matière de droit pénal, et Pasquale Fiore, *Traité de Droit pénal international*, traduit en français. Paris, 1880, Ire partie, chap. 2.

Il en sera de même, si nous supposons, en matière d'intérêts privés, le fait d'un coup de feu tiré au-delà de la frontière et venant atteindre une personne à l'intérieur de cette frontière. Nous admettrions la même solution, pour les faits de complicité accomplis en dehors du pays, en vue de faciliter un fait accompli dans le pays lui-même; car dans ce cas, on peut dire que le résultat direct de la complicité, son effet, est le crime même qui s'est accompli sur notre territoire.

Dans ces diverses hypothèses, nous croyons qu'il serait utile de pouvoir poursuivre l'agent, même lorsqu'on ne l'a pas saisi, et de pouvoir prononcer contre lui, des condamnations par contumace ou par défaut. Le fait est, par les éléments qui le constituent, comme s'il était commis sur le territoire, il faut le traiter comme tel. La loi de 1866 a eu le tort de faire une distinction entre le Français et l'étranger à cet égard; c'est la nature du fait qui motive la répression; on n'avait pas à tenir compte de la nationalité de l'agent, dans cette question qui se rattache à la compétence territoriale (1).

On peut soumettre aux mêmes règles de compétence, les faits considérés comme crime du droit des gens, et comme tels, punissables dans tous les pays : ce sont notamment les crimes de piraterie et la traite des nègres, opérée en pleine mer. Tous les Etats paraissent également intéressés à la répression de ces actes odieux et inhumains; aussi est-il admis, que ceux qui les commettent, sont justiciables de tous les tribunaux criminels du monde civilisé.

______

(1) V. en ce sens M. Molinier, *op. cit.*, *Recueil de l'Acad. de lég. de Toulouse*, p. 226.

III

Passons aux considérations qui se rattachent à la nationalité de l'agent.

Longtemps avant que les principes modernes du droit des gens eussent fait sentir leur salutaire influence sur les lois, on avait admis soit en France, soit dans d'autres pays de l'Europe, que le national qui avait commis une infraction grave à l'étranger, pouvait être poursuivi à son retour au pays, et puni pour cette infraction.

Aujourd'hui la même règle est universellement admise dans les lois. Mais tous les publicistes ne sont pas d'accord à cet égard. Ils reconnaissent généralement l'exterritorialité de la loi à raison de la nature du fait, telle que nous venons de l'expliquer, et cela sans distinction entre les nationaux et les étrangers. Mais lorsque le fait commis à l'étranger ne porte atteinte directement ni à l'Etat, ni à ce qui est placé sur son territoire, quelques-uns reviennent au principe de la territorialité, et déclarent qu'on ne peut pas poursuivre, même les nationaux à raison de ces faits.

Telle était la doctrine développée par MM. Jules Favre et Picard en France, dans la discussion de la loi de 1866 (1), rectificative des articles 5, 6 et 7 du Code d'instruction criminelle, et qui est soutenue encore en Italie, par M. Fiore dans son ouvrage récent sur le droit pénal international (2). On argumente dans cette théorie, de ce que les lois nationales ne peuvent être violées, que là où elles exercent leur empire, c'est-à-dire sur le territoire

(1) V. les discussions rapportées dans les numéros du *Moniteur* de l'époque.

(2) T. I, p. 57.

national. Le principe du droit de punir est dans le droit
au commandement, d'après M. Jules Favre ; « c'est un
acte de souveraineté, c'est un attribut du souverain, »
disait-il, et il concluait à la territorialité de la loi, en
vertu de ce principe qui devait servir, au contraire, à
M. Bertauld d'argument, pour motiver l'exterritorialité.
Ce système peut amener à des impunités dangereuses et à
de véritables scandales.

Il est vrai que MM. Favre et Picard voulaient introduire
en France, l'extradition des nationaux ; c'est-à-dire que
refusant à la justice française le droit de punir ses nationaux, ils voulaient que ceux-ci pussent être livrés par
leur propre patrie à la justice étrangère, afin qu'ils ne
restassent pas impunis. Mais l'idée d'extrader les nationaux nous paraît en contradiction avec les sentiments les
plus légitimes, aussi bien qu'avec les principes les plus
certains du droit constitutionnel. La France eut été seule
en fait, à adopter cette pratique, car l'exemple d'un pareil
abandon a rarement été donné par les nations civilisées.
Nous en reparlerons plus tard.

Le système de MM. Favre et Picard fut repoussé par le
Corps législatif ; il devait l'être. D'ailleurs, ne pouvait-on
pas lui reprocher de confondre l'action de la loi, son exercice, avec l'autorité qu'elle peut s'attribuer, même sans
pouvoir ou sans vouloir l'exercer ? Nous avons établi cette
distinction avec soin, il semble résulter des paroles de
M. Jules Favre que, dans la discussion, le célèbre orateur
n'en tenait aucun compte. M. Mège lui répondit avec le
ferme et simple langage du bon sens : « Nous n'allons
pas faire exécuter et appliquer la peine dans le pays étranger ; nous ne substituons pas notre justice à la justice
étrangère ; non, nous attendons que le coupable soit de
retour en France, et alors dans sa présence, dans le
mauvais exemple que sa présence y donne, nous puisons
le droit de frapper. »

6

M. Bertauld, qui cite ces paroles (1), admet aussi comme mesure du droit pénal à l'étranger, le droit de commander, mais il considère les lois pénales comme des lois personnelles, suivant les nationaux partout où ils se trouvent.

A notre avis, il n'y a pas de principe absolu sur ce point. Il y a des choses que l'on peut imposer à tout le monde et en tout lieu ; c'est ainsi que les lois commandent implicitement ou explicitement à tous les hommes, de respecter l'honneur, la sécurité, le crédit de l'État, en sorte que tout individu qui attente à l'une de ces choses, peut être poursuivi et puni, où que ce soit qu'il ait commis son crime. Mais, il y a d'autres choses, au contraire, qui portent des atteintes moins directes à l'intérêt national, et que l'on ne doit pas réprimer, si des circonstances spéciales ne l'exigent pas.

L'autorité de la loi se modifiera donc, non pas seulement d'après l'étendue du territoire, et la nationalité de l'agent ou de la victime, mais aussi d'après la nature des actes accomplis. Ce n'est pas d'après des limites tracées à l'avance, que l'on pourra savoir à qui la loi doit être appliquée ; c'est la gravité morale des infractions, c'est la nécessité de la répression qu'il faudra examiner, pour connaître l'autorité territoriale de la loi, pour savoir à qui et dans quels lieux, elle doit commander ou défendre.

Les deux systèmes que nous venons d'indiquer, sont dans l'impossibilité d'expliquer logiquement, que l'on puisse punir des infractions commises par des étrangers, autres que celles qui ont été accomplies sur le territoire ; et cependant ils sont obligés de reconnaître qu'en fait, il est des cas où il faut aller au-delà ; alors ils recourront à des expédients. L'exception pour les crimes commis à

(1) *Op. cit.*, p. 153.

l'étranger par des étrangers, contre le crédit et la sécurité de l'État, dit M. Bertauld (1), « est l'expression plus tôt du droit de défense que du droit de punir. » Nous répondrons que c'est cependant, non pas un acte de défense qu'on accomplira, mais une vraie peine, une peine ordinaire, que l'on prononcera et que l'on fera subir dans toute sa rigueur au coupable, si on peut le saisir.

D'ailleurs, cette explication devient absolument insuffisante, s'il s'agit d'un fait accompli au-delà des frontières, mais venant atteindre directement un habitant du pays : par exemple, ainsi que nous le supposions plus haut, s'il s'agit d'un coup de feu tiré au-delà de la frontière sur les habitants. Là il n'y a pas autre chose qu'un crime privé, et ce crime, on a le droit de le punir évidemment, quoique le coupable soit hors du territoire et qu'il n'y ait, pas plus que dans les autres crimes ordinaires, un cas de légitime défense pour l'État lui-même.

Nous ne considérons pas non plus comme satisfaisante, l'explication donnée par M. Bertauld pour justifier la règle, très-sage d'ailleurs, et très-opportune, en vertu de laquelle on peut poursuivre et punir les infractions commises à l'étranger par les nationaux. On peut réprimer dans ce cas, dit la théorie que nous discutons, parce que les lois pénales sont personnelles comme le sont certaines lois civiles; et c'est là, nous devons le reconnaître, une explication acceptée par un grand nombre de juristes.

A notre sentiment, il n'y a ici qu'un mot de plus dans la discussion; ce qu'il faut savoir, c'est pourquoi les lois pénales suivent le national à l'étranger, pourquoi précisément elles sont personnelles, et c'est alors seulement qu'on pourra déterminer à quelles conditions elles doivent l'être.

Si on se contente de déclarer que les lois pénales sont

_____

(1) *Op. cit.*, p. 158.

personnelles, comme certaines lois civiles, à raison de leur caractère, il en faudra conclure qu'elles le sont toutes en principe, et que par conséquent, le juge devra punir toutes les infractions commises par les nationaux à l'étranger, sauf pour les cas formellement exceptés par le législateur.

Est-ce ainsi, en fait, que se passent les choses? Irait-on, si la loi française n'avait rien dit, jusqu'à punir une contravention, ou même un délit léger commis par un Français, dans un pays où cet acte est absolument permis? Ce serait, à notre avis, la plupart du temps une déplorable iniquité, nous le démontrerons tout à l'heure. Telles seraient pourtant, les conséquences rigoureuses de ce principe, que la loi pénale est personnelle.

C'est l'inverse que le bon sens indique, car en matière pénale, tout doit être restrictivement entendu. Aussi les législateurs de toutes les nations ont-ils toujours précisé, non les infractions dispensées de la peine, si elles sont commises à l'étranger, mais bien celles qu'il faut punir, et dans quelles conditions on doit les poursuivre. Punir des faits commis à l'étranger, ce n'est pas appliquer une règle découlant naturellement des principes des lois.

Chez nos anciens jurisconsultes, on trouve que la loi française doit s'appliquer aux crimes commis à l'étranger; mais on expliquait cette règle par des considérations résultant exclusivement du droit de répresssion, et on ne la rattachait pas du tout à la théorie des statuts réels ou personnels, qui restait exclusivement réservée aux matières civiles (1).

Au surplus, M. Olivier avait raison, à notre avis, lors-

(1) V. Farinacius, *de Inquisitione*, quest. VII, n° 21, et les nombreux auteurs cités. — Ayrault, liv. I, part. 4, n° 11. — Jousse, t. I, p. III, préface et p. 424.

qu'il disait dans la discussion de la loi de 1866 : « Je ne me perdrai pas dans la question de savoir si la loi pénale française est personnelle ou si elle n'est que territoriale, » et plaçant la discussion sur son véritable terrain, il ajoutait, en étendant comme nous le faisons, la théorie du droit pénal interne au droit pénal international : «Le fait a-t-il été commis sur le territoire étranger, que m'importe? Je ne m'en inquiète pas. Est-il contraire à la justice et porte-t-il atteinte à l'intérêt social ? Si non, je l'absous. » Voilà en effet en deux mots toutes nos théories (1).

Que les législateurs modernes l'aient voulu ou non, c'est à elles qu'ils se sont rattachés ; c'est sur ces bases que toutes les discussions viennent se replacer fatalement ; et si des théories plus ou moins séduisantes et désintéressées les en écartent un instant, si les lois elles-mêmes cèdent à ces vaines paroles, tout cela s'écroule au bout de peu de temps, condamné par la pratique et par le sentiment public qui se préoccupe peu de théories, mais qui exige que les lois soient utiles et justes.

Pour réaliser ces conditions, l'autorité des lois pénales doit varier sans cesse et tendre toujours à se conformer aux besoins des temps et des lieux. Il faut pour régler les relations internationales par des lois qui leur conviennent, non pas établir des limites fixes, mais connaître l'état matériel et moral de ces relations, comme il faut connaître le degré de civilisation d'un peuple et son tempérament pour lui faire de bonnes lois. « Les lois que j'ai faites, disait Solon, ne sont pas les meilleures, mais ce sont celles que le peuple athénien est capable de supporter le mieux. »

C'est donc, non pas dans les sphères abstraites, mais au centre du monde vivant qu'il faut se placer, pour régler

______

(1) V. dans le même sens Ortolan, *Droit pénal*, 4e édit. mise au courant par M. Bonnier, t. I, p. 380.

le principe du droit international. On reproche à Montesquieu d'avoir donné trop d'importance à ces considérations d'un caractère relatif et pratique, dans son admirable livre sur l'*Esprit des lois* ; il ne faut pas non plus les méconnaître ; et s'il est une matière où on en doive tenir compte, c'est certainement dans celle qui nous occupe en ce moment.

IV

Est-il juste et utile de punir les infractions commises par nos nationaux à l'étranger? Voilà la question. Elles seront punies, si la loi déclare qu'il en doit être ainsi, et qu'on puisse en fait atteindre le coupable ; si la loi garde le silence, le fait commis à l'étranger restera impuni, c'est toujours le principe de la territorialité qui doit dominer en cas de doute.

Au point de vue de la justice, c'est-à-dire de la gravité morale des infractions, la loi française a fait une triple distinction dont nous n'étudierons pas le détail ici, mais que nous prendrons pour exemple d'application de nos principes : crimes, délits, contraventions.

Pour les crimes, le législateur a pensé, en 1866, que leur caractère d'immoralité et la gravité de leurs effets en devait motiver la prohibition absolue, à tous ceux qui portaient, et voulaient conserver le titre de Français. Les mœurs ou les lois des pays étrangers ne pourront jamais excuser l'accomplissement des faits de cette nature ; leurs auteurs sont considérés comme des êtres pervers et dangereux, dont l'impunité serait un scandale, et deviendrait dans leur propre patrie, un encouragement au mal et un exemple démoralisateur et funeste. Il fallait qu'ils y fussent punis, puisque l'on n'extrade pas ses nationaux.

Cette règle sage et nécessaire n'a été admise chez nous

qu'en 1806, malgré les protestations qui s'élevaient de toutes parts pour la réclamer. M. Laplagne-Barris prononçait en 1842, à la Chambre des pairs, ces paroles émouvantes rapportées dans l'Exposé des motifs de la loi de 1806 : « J'ai eu l'honneur de remplir pendant quatre ans, les fonctions de procureur général dans un ressort qui embrassait 70 lieues de frontières. Eh bien, il m'est arrivé non pas dix fois, vingt fois, mais beaucoup plus souvent, de gémir des chaînes que m'imposait l'art. 7 C. Inst. ; il m'est arrivé souvent d'être le témoin de faits qui constituaient de véritables attentats à la morale publique ; de faits de nature à dégrader, à altérer la morale dans l'opinion du peuple, surtout de la classe inférieure ; de voir des assassins, des incendiaires, des empoisonneurs, contre lesquels des magistrats français ne pouvaient exercer le plus léger acte de poursuite, et qui avaient commis leurs crimes à quelques lieues du village où ils avaient établi leur domicile. Ce n'est pas une figure de rhétorique. Permettez-moi de vous citer un fait dont j'ai été témoin dans les derniers temps de mon exercice : Un Français, un monstre, habitait un village séparé par une ligne idéale d'un village prussien limitrophe, ayant jadis fait partie de la France et qui avait cessé de lui appartenir. Il assassina dans le village prussien sa sœur et son beau-frère, et je le laissai libre, se promenant insolemment dans les rues du village français, sans que personne osât lui adresser un reproche : car, violent, menaçant, il intimidait les populations. » C'était en effet, un scandale déplorable et un danger auquel il fallait pourvoir. On le fit, en autorisant la poursuite des infractions commises à l'étranger, pour tous les crimes sans distinction.

Mais est-ce à dire, qu'il y ait là un procédé de détermination infaillible ? Un acte même criminel d'après nos lois, peut produire s'il est accompli dans un autre pays, dans un autre milieu, des effets très-différents de ceux qu'il produirait chez nous, et dénoter de la part de son auteur des degrés très-divers dans la perversité des intentions. Il n'y a rien d'absolu à cet égard.

En Hollande, par exemple, le fait de porter atteinte à la solidité d'une digue peut être un forfait abominable, et doit pouvoir être puni comme tel, car il peut compromettre l'existence du pays tout entier; le même fait peut n'avoir, au contraire, en lui-même que très-peu de gravité dans un autre pays. Evidemment, on ne pourrait pas déclarer personnelle une loi hollandaise sur ce sujet, et punir le Hollandais pour un acte de cette nature commis par lui à l'étranger, comme s'il l'eût commis dans son propre pays; ce serait une injustice et une véritable absurdité.

Lorsqu'il s'agit de délits, le fait étant moins grave en lui-même ou dans ses conséquences, que lorsqu'il s'agit de crimes, les effets de la loi nationale doivent être étendus avec encore bien plus de circonspection. La loi de 1866 porte (1), que le fait qualifié délit par la loi, ne peut être poursuivi et jugé en France, que s'il est puni par la loi du pays où il a été commis. Nous ne voulons parler ici que du principe qui établit cette condition; peut-être la disposition elle-même mérite le reproche qu'on lui a adressé d'être trop extensible, et on pourrait la restreindre à certains délits, comme le proposait la Faculté de Paris par l'organe de M. Ortolan, son rapporteur (2). La Belgique s'en est référée à cet égard à

(1) Article 5, C. Instr. cr.

(2) Opinion de la Faculté de droit de Paris. *Revue de législation de* 1847, *loc. cit.* M. Pasquale Fiore énumère restrictivement les conditions exigées pour qu'une infraction soit punissable, quand elle a été accomplie en dehors du territoire. Nous pensons qu'il suffit que le fait ait un caractère d'immoralité bien déterminé, et une certaine gravité pour

l'énumération faite dans les lois de 1874 sur l'extradition (1). Quant au principe en lui-même son utilité, et sa justice ne sauraient être méconnues.

Ce que nous avons dit à propos des crimes devrait, s'appliquer ici *à fortiori*. Un fait peut être beaucoup moins grave et beaucoup moins immoral à raison des circonstances, dans un pays ou dans un autre ; il peut même devenir absolument inoffensif, et par suite être considéré comme licite par les lois du pays où il s'est accompli. Pourrions-nous prononcer une peine pour un fait innocent en lui-même ?

Quant aux contraventions, on n'a jamais songé à déclarer personnelles les lois qui les répriment, et l'autorité de ces lois est aussi limitée dans l'espace, qu'elle l'est dans le temps, par la courte prescription qui en arrête la poursuite.

Comment déterminera-t-on dans chaque pays, la gradation à observer dans les poursuites, d'après la nature des infractions commises à l'étranger ? C'est une question que chaque nation a le droit de résoudre dans son indépendance. Nous rejetons, en effet, comme la Faculté de Paris, le système qui voudrait faire déterminer par des traités diplomatiques ces droits respectifs des Etats (2). Ce serait, dirons-nous avec M. Ortolan, « faire

que l'intervention de l'Etat du coupable soit justifiée ; c'est une question de mesure que nous étudierons dans la partie pratique de ce traité. — V. Pasquale Fiore, *Droit pénal international*, 1re partie, ch. 2, n° 83 *bis*. — M. Emile Olivier, dans la discussion de la loi de 1866, avait soutenu le système émis en 1847 par la Faculté de Paris.

(1) Loi du 15 mars 1874. Voir sur ce point les observations de M. L. Renault, *Bulletin de la Société de législat. comparée*, 1880, p. 395.

(2) Le projet de loi présenté en France par le gouvernement en 1842, avait admis cette idée de l'intervention de conventions diplomatiques. On sait que le projet adopté par la Chambre des députés fut rejeté par la Chambre des pairs.

passer la difficulté de la mesure à prendre, du législateur au négociateur. La puissance répressive, partie essentielle de la souveraineté interne, n'est pas objet de négociations internationales. Chaque peuple, quand il punit sur son territoire, tient son droit de lui-même. »

Le lien qui unit l'immoralité des actes à l'utilité qu'il y a de les punir, devrait être toujours indissoluble et rigide d'après la théorie de la justice absolue ; nous savons que l'imperfection des moyens humains empêche qu'il en soit toujours ainsi. C'est cependant l'idéal vers lequel il faut tendre, et par conséquent la règle qu'il faut normalement appliquer, si rien n'y fait obstacle.

Mais en fait, à raison de la mission restreinte de chaque Etat dans l'administration de la justice, ces deux éléments d'incrimination, immoralité et utilité de la peine, se séparent et s'éloignent singulièrement l'un de l'autre, lorsqu'il s'agit d'un fait commis à l'étranger, surtout s'il a été commis par un étranger. N'anticipons pas, et continuons à supposer que c'est un national qui en est l'auteur.

Si le fait eut été commis en France, c'est là qu'il aurait produit impression et qu'il aurait laissé des souvenirs souvent ineffaçables, le scandale de l'impunité s'y manifesterait même en l'absence du criminel. La victime, ses parents, ses amis, les témoins et les traces du crime demandant justice, il faudrait chercher le coupable, le saisir, le juger et, s'il avait passé la frontière, demander aux Etats étrangers, un concours qu'ils ne doivent pas refuser, et dont la légitimité est consacrée par les règles internationales de l'extradition.

Mais, si le fait est commis à l'étranger, combien tous ces effets s'atténuent au pays d'origine ; le plus souvent même, l'infraction y reste ignorée. La loi, dont on devrait appliquer les rigueurs au national, n'a pas été violée sur les lieux où elle exerce normalement son autorité et où elle doit être sanctionnée par la force ; nous avons dit cependant qu'il fallait punir ce national moralement et légalement criminel ; mais, hâtons-nous de l'ajouter, il faut pour cela qu'il soit volontairement revenu dans sa patrie.

C'est qu'en effet, par son retour, il vient éveiller le souvenir des faits dont il s'est rendu coupable à l'étranger ; la nation ne peut ni l'expulser de son sein, ni l'extrader ; elle doit encore moins le protéger contre les rigueurs nécessaires d'une justice, dont elle ne veut pas confier à d'autres le soin ; il faut donc qu'elle frappe.

L'utilité de la répression est très-différente suivant le lieu où le crime a été commis par nos nationaux ; et, même en admettant que l'immoralité des faits ne soit pas modifiée par les circonstances et les lieux où ils se sont accomplis, les conditions de la poursuite changent singulièrement, sous l'influence des nécessités pratiques. Dans un cas, la justice nationale directement provoquée doit pousser ses recherches même au-delà des frontières ; dans l'autre cas, elle attend que le national soit venu par sa présence nécessiter son intervention.

Telles sont les règles généralement, et très-opportunément admises par les législations contemporaines. Nous pouvons en résumer les principes en quelques mots : Les lois doivent déterminer les infractions accomplies par les nationaux qu'elles veulent punir, même lorsqu'elles ont été commises à l'étranger, en se basant sur leur immoralité effective, elles doivent en ordonner la poursuite au cas de retour du national dans sa patrie, à raison de l'utilité que sa présence donne à la répression.

On pourra discuter sur le point de savoir quel genre de répression doit être infligée, à raison des pénalités existantes ou même des jugements rendus sur le lieu où l'acte a été commis; mais nous renvoyons ces questions à la section suivante, où nous devons étudier plus spécialement, le règlement des conflits provoqués par les solutions dont nous nous appliquons en ce moment à poser les principes (1).

Des questions délicates pourront se soulever aussi sur le point de savoir, si c'est spontanément, ou seulement sur la poursuite de la partie lésée que la justice nationale devra se mettre en mouvement. Les lois doivent répondre à ces questions graves dans la pratique, et nos Codes l'ont fait ; mais quelle que soit leur importance, nous les laissons à l'écart, comme ne touchant pas au fonds même du droit de punir.

V

Il est une troisième circonstance que nous considérons comme devant légitimer, au point de vue de l'utilité, la poursuite des infractions commises à l'étranger, et cela sans distinction par rapport à la nationalité de l'agent : cette circonstance à notre avis décisive, c'est la nationalité de la victime.

A cet égard nous nous séparons de nos lois françaises actuelles ; nous les considérons comme insuffisantes, et nous voudrions les voir aller dans la voie du progrès jusqu'à ce point, que d'autres nations ont atteint, qu'elles ont même dépassé, mais à tort selon nous, ainsi que nous essayerons de le démontrer tout à l'heure.

Nous n'avons à parler ici que de l'utilité de la répression ; quant à l'immoralité du fait et à la gradation pro-

---

(1) Observations de la Faculté de droit de Paris sur les modifications à faire au Cod. Inst. cr., par M. Ortolan ; *Revue de législation,* 1847, p. 197. — Valette, *Mélanges,* t. II, p. 295, Observat. sur les projets de réformes du Cod. Instr. crim.

portionnelle des peines, nous n'avons rien à ajouter à ce que nous avons dit antérieurement, les considérations sur ce point demeurent identiques.

Un magistrat éminent, dont la mort restera toujours pour notre pays comme un souvenir de tristesse nationale et de deuil public, M. Bonjean, disait dans le cours de la discussion de la loi de 1866, pour y introduire la disposition que nous y voudrions voir comme lui : « N'est-ce pas un spectacle qui révolte la conscience et la raison, que celui de cet étranger qui, après avoir assassiné un Français sur le sol d'un des Etats voisins, vient chercher un asile dans la patrie même de sa victime, insultant par sa présence et son impunité à la légitime douleur des proches et des amis ? Si la justice française est incompétente du chef de l'assassin, pourquoi ne serait-elle pas compétente du chef de la victime ? car enfin n'est-ce pas pour l'Etat un devoir de protéger et de venger un de ses nationaux ? » Tel est aussi l'avis des jurisconsultes italiens ; MM. Molinier et Ortolan partagent le même sentiment (1).

Ceux qui ne veulent voir dans le droit de punir, que l'application d'une théorie préconstituée et uniforme, sur l'autorité de la loi, par rapport aux personnes et aux choses, ceux qui veulent transporter dans les matières pénales, la théorie de la personnalité des lois créée pour la justice civile, sont obligés de repousser ces considérations si utiles et si sages. Nous leur dirons, appuyés encore sur l'autorité de M. Bonjean, que « ces raisons peuvent satisfaire ceux qui, dans les affaires de ce monde, ne considèrent que les principes abstraits, quelquefois un peu arbitraires posés par les publicistes » (2).

---

(1) *Recueil de l'Acad. de lég. de Toulouse*, 1879-80, p 221. Travail de M. Molinier sur le projet de C. P. Italien. — Ortolan, *loc. cit.*

(2) V. Bertauld, *Droit pénal*, I, p. 159.

Quant à nous, sans déterminer pour le moment la mesure exacte dans laquelle ce principe devrait être appliqué, nous pensons qu'un pays ne saurait rester indifférent à la répression d'un fait grave dont un de ses nationaux a été la victime. Mais ici encore, il y a des limites à fixer dans l'exercice de cette action. Si le fait a été accompli à l'étranger, par un national, nous rentrons dans l'hypothèse précédente, çar nous ne saurions admettre de gradation dans la répression qui doit l'atteindre, à raison de la nationalité de la victime; le crime reste le même, et la loi française a par rapport à lui, toujours les mêmes devoirs.

Si le fait dont un de nos nationaux est victime, a été accompli par un étranger à l'étranger, nous dirons comme pour le national et à plus forte raison, qu'on ne pourra poursuivre ce criminel que s'il vient de lui-même braver par sa présence les compatriotes, les amis et la loi de sa victime; mais alors trois procédés peuvent lui être appliqués. Puisqu'il est étranger, il peut être expulsé, extradé, ou enfin puni.

Si l'extradition est demandée, nous pensons qu'elle devra être accordée selon les principes spéciaux de la matière, que nous exposerons à leur place; le crime ne restera pas impuni, et la justice sera satisfaite suivant les conditions où la victime s'était placée elle-même en se transportant à l'étranger.

Mais si l'extradition ne nous est pas demandée, ou si, étant offerte par nous, on nous refuse de poursuivre l'inculpé, pouvons-nous nous borner à l'expulser? N'est-ce pas l'impunité assurée par notre fait, à un homme coupable contre l'un des nôtres, et qui est en notre pouvoir? N'est-ce pas l'abandon de tous les droits et de toutes les garanties de protection que nous devons à nos nationaux?

Si notre loi pénale suit nos nationaux à l'étranger pour les réprimer au besoin, et protéger des étrangers contre leurs méfaits, comment notre protection pourrait-elle leur être refusée dans la même mesure, contre les méfaits dont ils sont victimes de la part des étrangers ? Nous n'agirons sans doute, que lorsque la justice étrangère, directement atteinte, ne pourra pas ou ne voudra pas accomplir son devoir ; mais offrir un asile, et assurer sur notre territoire, l'impunité à celui qui a frappé l'un des nôtres, c'est donner un spectacle démoralisateur et c'est une faiblesse qu'aucune théorie ne saurait justifier (1).

VI

Il est des auteurs modernes et des lois contemporaines, qui poussent encore plus loin les droits et les devoirs de la justice nationale ; nous sommes, quant à nous, arrivés à notre extrême limite, et nous croyons que ce serait dépasser les droits de cette justice, et entrer dans le domaine de la justice absolue, que d'aller plus loin. Examinons cependant ces doctrines, pour les réfuter.

Elles sont certainement les plus sévères, on pourrait même dire au premier abord qu'elles sont assurément les plus morales, puisqu'elles admettent la poursuite et la répression de tout fait grave, si son auteur est saisi sur le territoire national, quelle que soit d'ailleurs sa nationalité, celle de la victime, et le lieu de la terre où le crime a été accompli.

Quoique ces dispositions rigoureuses semblent ne pou-

____

(1) V. en ce sens : Observations de la Faculté de droit de Paris sur les modifications à faire au Code d'Inst. crim., par M. Ortolan, *Revue de législation*, 1847, p. 221.

voir se justifier que dans le système de la justice absolue, elles sont cependant admises par des jurisconsultes qui se rattachent comme nous, pour fonder le droit de punir, à la théorie de la justice tempérée par l'utilité. Combattues par quelques auteurs en Italie, elles paraissent l'emporter dans la législation de ce pays, ainsi qu'en Hongrie et en Autriche (1); et M. Molinier, partageant à cet égard le sentiment de M. Carrara, dit qu'elles sont l'application de ce mot célèbre de Beccaria, que « la persuasion de ne trouver aucun lieu sur la terre où le crime puisse demeurer impuni, serait un moyen bien efficace de le prévenir. » Notre savant collègue ajoute « que telles que les a appliquées le législateur italien, elles sont l'expression de la voix intime de la conscience, se manifestant dans cette parole de Caïn : « Je vais être vagabond et fugitif sur la terre, et il arrivera que quiconque me trouvera me tuera. »

Il est vrai que ce n'est pas d'une manière absolue, que le projet du Code pénal italien admet ce devoir de justice universelle ; il ne l'applique qu'aux crimes les plus graves, et seulement après que les nations directement intéressées à la répression, mises en demeure de poursuivre le présumé coupable, s'y sont refusées formellement. Mais même dans cette mesure, nous croyons que de semblables poursuites sont inspirées par des scrupules excessifs dans leurs effets, et que cette justice qui fait officieusement le devoir d'autrui, pourrait bien s'égarer en dehors de ses droits, de ses devoirs, et surtout de la limite raisonnable de ses moyens d'action.

Le droit et le devoir d'un Etat, en tant que puissance indépendante, est de veiller, non pas aux intérêts du

(1) V. *Bulletin de la Société de législat. comparée*, 1880, art. de M. L. Renault, p. 406.

monde, mais à ses propres intérêts ; non pas à la morale
universelle, mais à la morale dans les limites extérieures
que lui tracent ses moyens d'action. Les États doivent se
prêter un mutuel concours dans l'exercice des droits et
des devoirs qui leur sont respectivement révolus ; mais
agir en dehors de notre sphère, c'est dans toutes les choses
humaines agir imprudemment, et souvent mal agir. Les
concours que doivent se prêter les États pour la répression
des crimes, se manifestera d'une façon utile et élevée par
l'apaisement des conflits de juridiction, par l'entente surtout en manière d'extradition.

Sur ce dernier point, on pourrait trouver dans le Code
italien un exemple à suivre. Pourquoi les États ne se
reconnaîtraient-ils pas le droit de commencer spontanément des perquisitions, de prendre l'initiative des poursuites, avant même que l'extradition leur ait été demandée,
et de l'offrir alors même qu'on ne la demanderait pas ?
Sur ce point, nous partagerions le sentiment de notre
savant confrère M. Molinier; mais ceci se rattache à la
théorie de l'extradition, et c'est plus tard que nous aurons
à en parler.

. Après avoir invité un autre Etat à accomplir ce que nous
croyons être de son devoir, et lui avoir offert notre concours, s'il ne l'accepte pas, s'il ne partage pas nos sentiments
alors que tous les intérêts et tous les moyens de poursuite sont en ses mains, nous substituer à son action,
c'est ce que nous appelons sortir imprudemment de sa
sphère. C'est se poser en correcteur des torts de personnes
à l'égard desquelles on n'a aucun droit de contrôle ; c'est
troubler peut-être, par une ingérence intempestive, l'harmonie nécessairement fragile, dans les relations de ces
personnalités égales entre elles. que l'on appelle les Etats;
personnes indépendantes et sans supérieur commun, très-
susceptibles enfin, sur tout ce qui peut effleurer la fierté
nationale et les droits souverains.

7

Si les États directement intéressés à la répression s'abstiennent, en effet, si, sommées de poursuivre, les nations auxquelles appartiennent le criminel ou la victime, si celles surtout sur le territoire de laquelle le crime a été accompli, se refusent à toute action, repoussent l'extradition qu'on leur offre, il faut présumer qu'elles ont, pour s'abstenir ainsi, de graves motifs. Nous supposons qu'il s'agit de relations entre nations civilisées, car à l'égard des peuples barbares, les règles du droit des gens s'effacent devant les nécessités d'une justice moins compliquée. Mais alors, comment pourrait-on ne pas s'abstenir soi-même, après cette abstention préméditée et persistante, de ceux que nous pourrions appeler les contradicteurs légitimes ?

Lorsque les pays directement intéressés refusent tous d'agir, c'est que, sans doute, ils trouvent insuffisant le degré d'imputabilité morale qui peut incomber à l'agent ; ou que le fait à raison de circonstances infinies prévues ou non par la loi, la provocation, l'ordre de l'autorité, la légitime défense ou tout autre excuse légale ou morale, rendent la poursuite imprudente, inutile, peut-être injuste. Comment un pays que rien ne rattache ni à la victime, ni au crime, ni à son auteur, pourrait-il méconnaître, ou ne pas présumer ces motifs d'abstention, légitimes sans doute, et réfléchis, surtout là où ils se manifestent, puisque c'est là que le devoir et l'intérêt pousseraient à l'action ?

Comment ce refus de poursuivre pourrait-il s'expliquer encore ? par l'insuffisance des preuves sans doute. Mais comment si les preuves sont jugées insuffisantes dans les lieux où elles peuvent être le plus sûrement recueillies, pourraient-elles suffire à une justice prudente et éclairée dans un autre pays ? Nous doutions, malgré les apparences contraires, de la moralité des théories que nous combattons dans les lignes où nous commençions à les exposer, comment ne pas en douter encore. La justice doit être circonspecte et prudente, si elle veut rester morale. Ce n'est pas punir beaucoup qui est utile et moral, c'est punir à propos et ne frapper qu'à coup sûr.

Les considérations pratiques nous ramènent ainsi à la vérité scientifique, et aux notions de la véritable mission sociale de l'Etat. Ses moyens sont bornés par le temps, par l'espace, par le mystère des consciences, par les droits et les devoirs des autres États ses égaux, par les égards qu'il doit à leur sagesse, par les présomptions favorables dont il doit entourer les actes de leur justice ; sa propre justice doit savoir accepter des limites, s'il veut les voir respecter par autrui. La justice nationale, en un mot, ne saurait pas plus être universelle, que n'est absolu le principe sur lequel elle est établie.

Agir lorsque son intérêt l'y oblige et que ses moyens lui permettent de le faire avec justice, prêter, dans les autres cas, son concours à la justice d'autrui , voilà, suivant les circonstances, la mission élevée et civilisatrice des Etats dans leurs rapports respectifs. C'est par ce concours actif, par cette initiative à rechercher le crime pour le déférer à ses véritables juges, que l'on pourra utilement se conformer à la haute pensée morale sur laquelle est édifié le système que nous venons de discuter.

Chaque Etat a, d'ailleurs, pour se défendre contre les étrangers dont la présence est un danger ou un scandale sur son territoire, un moyen praticable sans condamnation et sans pénalité, sans ingérence et sans critique apparente de la conduite d'autrui : ce moyen est l'expulsion. La justice sociale trouvera dans ce procédé extrême, mais accepté dans la pratique et qui n'est pas considéré comme une offense pour les autres États, une satisfaction suffisante ; et la prudence y reconnaîtra les garanties les plus assurées contre toute crainte de scandale ou de danger sur le territoire national.

VII

Pour terminer l'étude de ces principes concernant l'autorité de la loi, et la compétence criminelle, il ne nous reste plus qu'une observation à faire : c'est que les représentants officiels des États dans les relations internationales, jouissent dans leurs personnes et dans une partie de leurs biens, de privilèges tout spéciaux. C'est surtout en matière criminelle que ces privilèges sont exorbitants du droit commun. Ils reposent sur cette vérité formulée par Montesquieu : « Les ambassadeurs sont la parole du prince qui les envoie, et cette parole doit être libre. Aucun obstacle ne doit les empêcher d'agir. Ils peuvent souvent déplaire, parce qu'ils parlent pour un homme indépendant. On pourrait leur imputer des crimes, s'ils pouvaient être punis pour des crimes ; on pourrait leur supposer des dettes, s'ils pouvaient être arrêtés pour dettes. Un prince qui a une fierté naturelle, parlerait par la bouche d'un homme qui aurait tout à craindre. Il faut donc suivre à l'égard des ambassadeurs, les raisons du droit des gens, et non pas celles qui dérivent du droit politique. Que s'ils abusent de leur être représentatif, on les fait cesser en les renvoyant chez eux ; on peut même les accuser devant leur maître, qui devient par là leur juge ou leur complice » (1).

Le droit des gens moderne s'est conformé à ces idées, en reconnaissant aux représentants des États, à leur suite, à leurs maisons, à leurs voitures, et aux souverains eux-mêmes, les privilèges d'inviolabilité et d'exterritorialité qui les placent au-dessus des lois ordinaires. Les anciens avaient déjà senti la nécessité de ces principes, ils avaient

(1) *Esprit des Lois*, liv. XXVI, ch. 21.

mis les ambassadeurs sous la protection directe des Dieux :
Sancti habentur legati.

SECTION III

Conflits des lois ou des jugements de divers Etats.

. I

Pour accomplir sa mission, l'Etat crée des lois adaptées
au caractère propre et aux besoins spéciaux de la nation
qu'il représente ; il constitue des tribunaux capables
d'appliquer avec justice et discernement ces lois nationales ; et de même que l'individu ne s'occupe qu'indirectement des progrès de la nation dont il est membre,
l'Etat ne peut se préoccuper aussi qu'indirectement des
progrès de l'humanité. Mais l'harmonie des lois naturelles
est si constante et si simple, le caractère de ces lois est si
admirablement identique et un dans l'apparente variété
des personnalités qu'elles régissent, que le progrès moral
ou matériel réalisé sous leur autorité par un homme, ou
par une nation, bien loin de se produire au préjudice des
autres membres de la nation ou des autres Etats, profite
au contraire à tous, en les conviant aux mêmes progrès.
Ainsi en avançant dans les voies de la justice et du droit,
chacun accomplit sa destinée individuelle, et concourt
par surcroît et d'une façon pour ainsi dire inconsciente
et naturelle, à l'avancement de ses semblables et de l'humanité tout entière.

L'Etat ne doit pas plus que l'individu, sortir de sa sphère
d'action, mais ils doivent l'un et l'autre prêter leur concours à l'exercice des devoirs imposés dans l'intérêt du
bien commun. Ce concours, il faut le reconnaître, s'impose
avec plus de force morale aux Etats dans la société qu'ils

constituent, qu'aux individus dans la nation; car l'individu a au-dessus de lui l'Etat qui veille aux intérêts nationaux et trace à chacun la mesure du concours qu'il doit fournir à ces intérêts ; tandis que dans la société des Etats, aucun de ces devoirs n'est nettement indiqué, ni imposé par une autorité supérieure, représentant les intérêts généraux de l'humanité ; en outre, la sanction directe de ces devoirs, nous le savons, est imparfaite ou fait défaut.

Ces devoirs n'en existent pas moins, ils se produiront, comme nous l'avons déjà dit, de deux manières; l'Etat les accomplira en se prêtant d'abord à ce que chacun agisse à son rang, d'après ce que nous pourrions appeler la hiérarchie des droits respectifs qui peuvent se trouver en conflit; en aidant ensuite l'action de chacun dans la sphère des attributions qui lui sont reconnues. Nous allons nous occuper de la première catégorie de ces devoirs, c'est-à-dire de la conciliation des conflits.

Nous supposerons d'abord, que les lois seules sont en conflit entre elles, sans que des poursuites aient été commencées, et sans que des jugements aient été rendus, dans aucun des pays où ces lois pourraient être appliquées à l'inculpé; nous règlerons ensuite ces conflits, compliqués de jugements rendus ou même exécutés dans un ou divers pays. Il est évident que, pour donner une base fixe à cette étude, nous devons considérer comme admises, les règles de la compétence, telles que nous venons de les exposer.

II

Conflit des lois. — Si nous supposons d'abord, le cas normal, c'est-à-dire une infraction commise dans un pays par un national contre un national, il n'y a qu'une seule loi applicable ; on ne peut guère supposer de conflit. Si l'inculpé est saisi sur le territoire du crime, on appliquera les règles de compétence intérieure ; s'il a fui, on pourra obtenir son extradition suivant les règles de la matière. Mais, même d'après les théories les plus larges, les autres Etats ne pourront le juger, qu'après avoir offert l'extradition au pays normalement compétent ; il ne peut donc pas y avoir lieu à conflit.

Nous allons voir les conflits se produire et se multiplier si nous reprenons les hypothèses déjà parcourues. A notre sentiment, nous l'avons déjà indiqué, la compétence qui doit certainement l'emporter sur les autres, en cas de conflit, c'est la compétence territoriale. En d'autres termes, le pays qui nous paraît le plus directement intéressé à la poursuite, toutes choses égales d'ailleurs, c'est celui où le crime a été commis. C'est là, en effet, que le trouble et le scandale se sont manifestés, là sont et les victimes et les traces matérielles du crime. Telle est bien la doctrine qui se manifeste dans la plupart des lois existantes, d'une façon qui, pour n'être pas explicite, n'en est pas moins absolument évidente. Ainsi, tandis que la compétence territoriale motive l'extradition, la compétence personnelle à raison de la nationalité de l'agent ou de la nationalité de la victime, ne s'exerce que si l'agent est saisi sur le territoire qui veut se prévaloir de cette compétence contre lui. En France, par exemple, il n'y a lieu ni à jugement par défaut ou contumace, ni à extradition à raison de la compétence personnelle.

III

Nous supposons, d'abord, qu'il s'agit d'un des crimes prévus part l'art. 7 de notre Code d'Instruction criminelle, c'est-à-dire de crimes commis contre la sécurité ou le crédit de l'Etat. Dans tous les systèmes, les tribunaux de l'Etat contre lequel le crime est dirigé sont compétents, il en doit être de même de l'Etat sur le territoire duquel le fait a été accompli. Quels sont ceux de ces tribunaux qui doivent rester maîtres de la poursuite ?

Pour préciser, restons dans l'hypothèse de notre Code français. Si l'inculpé est saisi en France et qu'il soit Français, il n'y a pas de difficulté, la France le jugera ; elle ne pourrait l'extrader puisqu'il s'agit d'un national. Si l'inculpé est un étranger, nous pensons qu'elle doit encore le garder pour le juger ; il s'agit en effet d'un crime dont les effets sont ressentis surtout en France ; c'est là, que le scandale et le dommage se sont réellement produits ; le lieu où le crime a été commis ne peut constituer qu'une circonstance presque exclusivement matérielle et l'on peut dire que ce sont les principes de compétence territoriale qui autorisent cette solution, car c'est réellement là où le crime produit son effet qu'il semble avoir été commis.

Nous appliquerons la même solution au cas où le dommage porte sur un simple particulier, mais à raison d'un fait matériellement accompli en dehors des frontières.

Le rapporteur de la loi de 1866 fit observer, que souvent les faits dont parle l'art. 7 pourraient rester impunis sur le lieu où ils ont été commis, c'est une raison de plus pour que les poursuites soient considérées comme très-légitimes en France. Cette solution se justifie, si l'on observe qu'il s'agit ici, non d'un crime produisant ses effets à l'étranger, mais plutôt, de l'application des règles de compétence territoriale, ainsi que nous venons de l'expliquer. « De semblables dispositions, dit M. Molinier, devraient être inscrites même dans les législations qui admettraient le seul principe de la territorialité » (1).

____

(1) V. M. Molinier, *op. cit.*, *Recueil de l'Académie de législation de Toulouse*, 1880, p. 221.

Mais que décider, si l'inculpé est resté dans le pays où il a commis le crime contre la France ou même, ajouterons-nous, contre une personne résidant en France? L'article 7 prévoit qu'on en peut obtenir l'extradition s'il est étranger, et c'est ce que nous considérons aussi comme un effet normal, à cause de la prédominance que nous pensons devoir accorder à la compétence territoriale, à notre avis la plus essentielle de toutes. Or, entre ces deux compétences territoriales dont l'une résulte de l'effet du crime, l'autre d'une circonstance matérielle, la première nous paraît devoir l'emporter. Le véritable pays du crime n'est pas celui d'où le coup est parti, mais celui où il a atteint sa victime, c'est celui-là qui est véritablement intéressé à la poursuite.

On appliquera donc la loi de ce pays, sans se préoccuper de l'influence de la loi de l'autre; nous ne nions pas que les deux pays sont compétents et même qu'ils le sont, par des raisons de nature identique, mais ils ne le sont pas également; l'un des deux nous paraît l'être à un degré supérieur, et le conflit devrait cesser par une concession d'extradition (1). Telle serait, à notre avis, la solution la plus conforme aux principes, c'est-à-dire en même temps la plus utile et la plus juste.

Il est bien évident d'ailleurs, que l'extradition ne saurait avoir lieu que suivant les conditions requises pour qu'elle constitue normalement un devoir : le fait devrait être punissable dans les deux pays; il ne devrait

(1) L'article 5, § 1er, du Code pénal italien, sans contenir de disposition spéciale à l'extradition, nous paraît rédigé sous l'inspiration évidente de ces idées. Il punit en Italie les faits dirigés contre la sécurité et le crédit de l'Etat, lors même qu'ils ont été déjà punis en pays étranger. On tient compte de la peine subie dans la peine à prononcer. Au reste, on prépare en ce moment d'une façon très-active une loi sur l'extradition en Italie.

être ni politique, ni connexe à un délit politique, ce qui arrive très-fréquemment dans les actes portant atteinte à la sûreté de l'Etat; il devrait, en un mot, être de ceux sur lesquels l'extradition peut porter.

En tout cas, le pays atteint devrait pouvoir prononcer une condamnation par contumace ou par défaut, qui pourrait produire des effets immédiats même à l'étranger. C'est à tort, pensons-nous avec M. Molinier, que la loi française distingue à cet égard entre le Français et sur l'étranger. Pourquoi ce dernier ne pourrait-il pas être condamné par contumace? Des effets peuvent se produire à son égard, relativement à la prescription, les biens qu'il possède en France pourraient être séquestrés. Le Code italien n'exclut pas la condamnation de l'étranger par contumace.

Voilà comment, à notre avis, peuvent se régler les conflits résultant du principe de la territorialité des lois.

IV

Si, poursuivant notre énumération, nous supposons qu'il s'agit d'un national ayant commis une infraction à l'étranger, deux tribunaux sont compétents ; mais la compétence territoriale doit, en cas de doute, l'emporter. Si donc l'inculpé est saisi sur le lieu du crime, c'est là qu'il sera normalement jugé, ce ne sera pas le cas de demander son extradition ; seulement, s'il rentre dans son pays, il pourra y être jugé, mais ce sera surtout par la raison qu'on n'extrade pas les nationaux.

Il y a quelques pays où la compétence personnelle autorise même l'extradition ; la Russie, par exemple. Si un Etat était sollicité à extrader la même personne, à raison des deux compétences, toutes choses égales d'ailleurs, il nous paraît certain que c'est au pays qui invoque

la compétence territoriale, que l'extradition devrait être
accordée par préférence à celui qui invoque la compétence personnelle. Dans le cours d'un traité pratique, on
aurait à entrer dans quelques détails difficiles sur ce
point.

V

Lorsque un pays applique le principe de la compétence
territoriale même à un étranger, c'est incontestablement
la loi du pays qu'on lui applique. Les lois de police et de
sûreté obligent ceux qui habitent le territoire, dit notre
Code civil. Mais des doutes se soulèvent sur la loi que
l'on doit appliquer, lorsque c'est le principe de personnalité qui l'emporte, en d'autres termes, lorsque l'inculpé
est poursuivi à raison de sa nationalité, ou même de celle
de la victime, si on admet cette seconde disposition, pour
un fait commis en pays étranger.

Le motif de douter ici, vient de ce que la loi qui a été
violée le plus directement, est celle du pays où on a
commis le crime, la loi territoriale.

Aussi de graves divergences se sont produites sur ce
point. Reconnaissons, d'abord, qu'il paraît juste de tenir
compte à l'agent, de la loi du lieu où il a commis sa
faute, si elle est plus douce que la loi du pays où il est
puni. La loi positive considère qu'au moment de commettre un crime, son auteur subit les effets d'intimidation de la peine qu'il encourt ; il se fait dans son esprit
une sorte de comparaison instinctive, entre cette peine et
l'avantage qu'il espère retirer de son méfait. La loi ne
saurait procéder par surprise à cet égard, elle doit rester
ce qu'elle est. Or, c'est la loi territoriale qui s'est présentée
naturellement à l'esprit de l'agent. C'est celle qu'il est
censé connaître, surtout si, national de ce pays, c'est à

raison de la nationalité de la victime qu'il est puni dans un autre pays. Sans doute, s'il est étranger au lieu du crime, sa loi nationale doit lui être connue, et s'il a pris pour victime un étranger, le bon sens peut bien lui indiquer qu'il a dû s'attirer les rigueurs des lois protectrices de cette victime ; on pourrait donc lui appliquer ces lois tout entières sans injustice. Mais, en matière pénale, c'est toujours vers les interprétations les moins rigoureuses que l'on penche. On pense que c'est surtout la loi territoriale qui a dû frapper son esprit.

En se basant sur ces considérations, il est des faits, nous l'avons dit, que l'on ne punit pas à raison de la compétence personnelle, s'ils ne sont pas punis par la loi du lieu de l'infraction ; en France, il en est ainsi à l'égard des délits (art. 5, I. crim.). Ne semble-t-il pas que l'on doive, pour adoucir la peine, raisonner comme on le fait pour supprimer l'incrimination ? Sur ces points on est généralement d'accord en théorie, la divergence se produit sur la question de mesure, et sur les procédés à prendre pour satisfaire à ces équitables préoccupations.

La loi française est muette à cet égard. Le système des circonstances atténuantes joint à l'abaissement possible des peines à leur minimum, fournit des moyens d'adoucissements insuffisants peut-être, mais que les auteurs reconnaissent unanimement comme très-opportuns en ce cas, et dont sans doute, les juges doivent largement user.

La loi italienne n'a pas craint de pousser ces considérations de bienveillance, jusqu'à ses plus extrêmes limites, c'est-à-dire jusqu'à admettre que si la loi étrangère est plus douce que la loi nationale, c'est la loi étrangère que les juges italiens devront appliquer. Cette disposition a été adaptée à trois situations différentes, dans les articles 6 et 7 : 1° à l'infraction commise par l'Italien à l'étranger ; 2° à l'infraction commise par un étranger au préjudice d'un Italien à l'étranger; 3° au fait commis par un étranger contre un étranger sur le territoire étranger, lorsque le fait devient punissable en Italie.

Notre savant confrère M. Molinier, ne se laisse pas surprendre par ce procédé nouveau ; il aime le progrès, il y croit, et cette confiance le lui fait volontiers accepter comme possible, alors même qu'il peut paraître à d'autres bien difficile à justifier dans de pareilles conditions. « Il peut se présenter, dit-il (1), des cas dans lesquels l'application du droit étranger offre des difficultés, surtout dans les matières civiles. Quant au droit criminel, les embarras ne nous semblent pas devoir être les mêmes. Nous avons aussi en France, dans l'article 5 de notre Code d'Instruction criminelle, une disposition qui ne permet la poursuite, par rapport aux délits correctionnels commis par des Français à l'étranger, qu'autant que le fait est puni par la législation du pays où il a été commis. Il faut donc, par rapport à ces poursuites, que le juge français consulte et connaisse la loi étrangère. » Sans doute, mais, dirons-nous avec M. Molinier lui-même, ce n'est pas la loi étrangère qu'appliquera le juge français, d'après l'art. 5 de notre Code d'Inst. crim., tandis que c'est la loi étrangère qu'applique directement le juge italien, d'après le système admis dans les art. 6 et 7 du Code pénal d'Italie ; nous ne croyons pas pouvoir admettre cette solution.

Imposer au juge d'un Etat l'obligation d'appliquer la loi d'un autre Etat, nous paraît une disposition impossible, incompatible avec les principes du droit constitutionnel, en matière législative et judiciaire, autant qu'elle est difficile à organiser régulièrement, au point de vue de la pratique des pénalités.

(1) *Recueil de l'Acad. de législ. de Toulouse*, 1880, p. 222 et 223, note 1.

Au point de vue des droits du législateur d'abord, nous croyons la solution inadmissible. Le législateur, d'après nos principes modernes, n'a pas entre ses mains un pouvoir absolu. Il est obligé de donner à ses lois des formules précises, il est tenu de les discuter suivant des règles qui lui sont imposées par le droit national ; et s'il délègue le droit de déterminer par des décrets ou des règlements l'application de ses lois, ce n'est qu'après avoir posé des principes certains, et restreint le champ de sa délégation à des détails. Mais, en outre, c'est toujours à un des éléments du pouvoir national qu'il confie ce soin de réglementation, et il ne le lui confie que dans les limites que lui accorde à cet égard la Constitution.

Toutes ces règles seraient manifestement méconnues, si la loi nationale imposait aux juges l'application de lois étrangères. Comment, en matière pénale surtout, où tout est de rigueur, le législateur pourrait-il constitutionnellement s'en référer à des lois inconnues, qui peuvent se modifier à son insu et qui, pour être plus indulgentes que les lois nationales, n'en peuvent pas moins être en contradiction avec l'esprit de ces mêmes lois. Le droit constitutionnel moderne ne saurait étendre jusqu'à ce point, le pouvoir de délégation du législateur.

L'organisation du pouvoir judiciaire et les garanties qui s'attachent à ses modes de recrutement, s'opposeraient aussi, pour le moment du moins, à une pareille extension de la loi. Les garanties de titres universitaires ou de stage, exigées pour faire partie des tribunaux et des cours, impliquent bien la connaissance ou l'étude des lois nationales ; mais comment pourrait-on exiger en même temps des aspirants à la magistrature, l'étude de toutes les lois étrangères. Sans doute, l'étude d'une législation crée des aptitudes intellectuelles qui permettent de s'appliquer plus aisément à l'étude des lois inconnues, mais cette présomption peut-elle s'étendre jusqu'à faire admettre que nos magistrats puissent, en connaissance de cause, appliquer toutes les lois étrangères, même en les supposant traduites dans la langue nationale. S'il suffisait pour appliquer une loi d'en rechercher le sens dans un texte restreint à quelques lignes, nous pourrions partager les généreuses illusions de notre collègue, pour qui les problèmes du droit pénal n'ont plus de mystères ; mais ce texte, nous ne le savons que trop, se rattache presque toujours à d'autres qui le modifient, l'expliquent ou même le suppriment, suivant les circonstances innombrables que les faits peuvent affecter. C'est l'ensemble de la législation, qu'en réalité il faut connaître, lorsque l'on veut appliquer l'une de ses dispositions, quelque modeste qu'elle soit en apparence. Comment pourrait-on imposer à des juges, la responsabilité et la charge d'une pareille mission, qui pourrait se renouveler pour toutes les lois admises dans le monde civilisé ?

Sans doute l'article 5 de notre Code d'Instruction criminelle admet que les délits commis en étranger par un Français, ne seront pas punis en France s'ils ne sont pas punis par la loi étrangère, ce qui implique, en effet, de la part de nos juges, la connaissance de la loi étrangère. Mais la question est en elle-même plus simple que s'il s'agissait d'appliquer une peine déterminée ; et d'ailleurs elle sera presque toujours résolue en fait, par la constatation que pourra fournir l'inculpé, qu'il est resté impoursuivi et impuni, dans le lieu où il a accompli l'acte que lui reproche la justice française à son retour.

Mais en considérant même la règle que nous discutons comme conforme au droit constitutionnel, et tous les juges capables d'interpréter même les lois étrangères, comment pourrait-on appliquer dans un pays, des peines qui n'y sont pas reconnues par les lois nationales et que prononcent les lois des autres pays? La peine du fouet, de l'exposition, du carcan, les mutilations admises dans un pays, seront-elles plus ou moins sévères que les emprisonnements, le secret, les galères, admis pour les mêmes crimes dans un autre pays? La prison cellulaire est généralement considérée comme plus rude que le simple emprisonnement, même d'une durée plus longue; comment l'échelle de pénalité pourra-t-elle s'établir dans ces diverses hypothèses, et dans bien d'autres encore? Quel système de compensations et d'équilibre pourra-t-on imposer au juge, pour éviter des condamnations impraticables ou des appréciations arbitraires? C'est une difficulté qui nous paraît insoluble.

Que faudra-t-il donc faire, pour tenir compte de ces différences de pénalité? Le progrès du droit exige, sans doute, que l'on puisse satisfaire à ces préoccupations équitables qu'invoque l'inculpé, lorsque la loi du pays où il a commis l'infraction, est plus douce que la loi du pays où il va être condamné? Nous ne saurions y voir cependant, pour notre part, la source d'aucune disposition impérative. En présence des incertitudes que nous venons de signaler, et qui ne sont que trop évidentes, le législateur ne peut pas donner des ordres formels. Il pourrait du moins, par une disposition spéciale de la loi destinée à attirer l'attention du juge, indiquer cet état de choses, comme une circonstance particulièrement atténuante; et pour entrer plus efficacement dans cette voie, étendre au-delà de ses limites ordinaires, la faculté d'abaisser les pénalités.

Voilà, rapidement exposés, les principes applicables aux divers cas dans lesquelles les lois peuvent se trouver en conflit; mais, comme nous l'avons dit, la question peut se compliquer, si au conflit des lois vient s'ajouter celui des sentences judiciaires rendues en vertu de ces lois.

VI

Conflits à la suite de jugements rendus. — Si nous supposons deux nations ayant droit à punir le même fait, une d'elles a pu prononcer une sentence d'acquittement ou de condamnation ; l'autre nation pourra-t-elle, devra-t-elle recommencer les mêmes poursuites ? En d'autres termes, l'inculpé, une fois jugé dans un pays, ne devra-t-il pas pouvoir s'abriter derrière la maxime *non bis in idem*, et invoquer l'autorité de la chose jugée, dans le pays qui veut le poursuivre à nouveau ? Trouvera-t-on dans le premier jugement la base d'une aggravation pour récidive ? Voilà d'importantes questions à résoudre. Elles ne sont pas les seules que provoque cette situation, car, après avoir indiqué le caractère de ces sentences étrangères au point de vue pénal, il nous restera à examiner si elles ne doivent pas produire d'effets civils, soit en ce qui concerne les incapacités encourues, soit en ce qui touche aux réparations civiles motivées par les dommages résultant des infractions. Nous resterons toujours sur le terrain des principes abstraits, mais, même à ce point de vue, les situations doivent être nettement précisées.

Nous laisserons absolument à l'écart, dans toutes les discussions qui vont suivre, les contestations privées, à l'égard desquelles les principes sont unanimement reconnus comme différents de ceux que nous avons à exposer ici. Quelle que soit l'explication adoptée dans notre pays sur l'article 2113 C. civ., et sur l'article 546 du Code de procédure, tout le monde admet que l'autorité de la chose jugée à l'étranger en matière civile, n'a rien de commun avec les règles du droit pénal sur le même point. Lorsque nous parlerons des effets civils des jugements, il ne pourra être question que des effets que peuvent produire quelquefois, les jugements de répression. Les jugements rendus en matière pénale ont pour base le droit public, dont les principes sont absolument différents de ceux qui dominent le droit privé, surtout en matière internationale.

Il est hors de doute d'abord, que les sentences pénales ne peuvent produire d'effets directs, que dans le pays où elles ont été rendues; et l'on n'a jamais songé, par exemple, à faire subir, en France, un emprisonnement ou une exécution à mort, à suite d'une condamnation prononcée par une juridiction étrangère (1). Mais les opinions se divisent en ce qui concerne l'application de la maxime *non bis in idem*, les effets au point de vue de la récidive, et quelques autres graves questions. Occupons-nous d'abord de la maxime *non bis in idem*.

VII

D'après les uns, tout jugement rendu sur un fait punissable, doit amener l'application de cette maxime en tous lieux. Il est inhumain et antijuridique, dit-on, que le même fait soit l'objet de plusieurs poursuites (2). — D'autres établissent des distinctions entre les jugements, d'après la cause qui a déterminé la compétence. Ainsi, M. Pasquale Fiore pense, que le juge du lieu du délit étant le plus directement intéressé à la répression, ses

(1) V. cependant la note de M. Fiore, t. I, p. 139, indiquant un auteur italien, Carle, qui pense que rien ne s'oppose à ce qu'une sentence pénale soit rendue exécutoire dans un Etat autre que celui qui l'a rendue. Cette opinion, très-plausible en matière civile, ne nous paraît pas soutenable en matière pénale.

(2) C'est ce qui semble résulter de l'article 5 de la loi de notre Code Inst. cr., que nous aurons à critiquer plus bas.

sentences, en principe du moins, doivent arrêter toute poursuite ailleurs. D'après cet auteur, il n'en doit pas être de même en cas inverse, c'est-à-dire que le juge du lieu du délit ne devra pas s'arrêter en présence d'un jugement rendu par le juge compétent à raison de considérations personnelles à l'inculpé ou à la victime. D'après d'autres enfin, l'autorité de la chose jugée ne peut se produire qu'à l'égard des jugements rendus en vertu de la même loi, et dans le même pays ; c'est l'opinion à laquelle nous nous rattachons, en ajoutant toutefois, qu'il est juste de tenir compte des peines déjà subies par application des condamnations prononcées à l'étranger pour le même fait.

Ce qui est inique, en effet, il ne faut pas s'y tromper, ce n'est pas qu'un même fait soit poursuivi et jugé deux fois, c'est qu'il soit puni deux fois. Deux jugements sur le même fait, cela se voit tous les jours dans tous les pays civilisés, notamment en cas d'opposition, d'appel, de contumace, de renvoi à suite de cassation. N'y a-t-il pas dans tous ces cas, deux ou plusieurs poursuites, deux ou plusieurs condamnations ? Est-ce là un fait inique ? Bien au contraire, l'opposition, l'appel, la cassation et le renvoi sont les garanties les plus précieuses de la justice. Si les nécessités du droit exigent que les procédures se prolongent, ou même se renouvellent, on ne saurait hésiter ; ce ne sont là que des préliminaires et des garanties, qui peuvent avoir leurs inconvénients, mais la sécurité de la justice, qui est leur but, doit l'emporter sur toute autre considération.

Or, quelle est la portée de cette maxime *non bis in idem ?* En la forme, elle n'est qu'une nécessité rigide, quelquefois même inique, de compétence et d'ordre intérieur ; au fond, elle ne saurait s'appliquer à des législations différentes, sans devenir absurde en matière de droit public.

La maxime *non bis in idem*, disons-nous, est une nécessité de procédure et non pas une règle de fond ; elle est basée bien plus sur les nécessités de la pratique, que sur des considérations d'équité et de justice. Elle a pour but d'assurer l'autorité de la chose jugée, qui repose elle-même sur une présomption nécessaire, mais souvent rigoureuse, et suppose une vérité quelquefois contredite par les faits les plus certains. Elle constitue une règle purement relative, et ne doit s'appliquer qu'aux jugements formellement désignés comme définitifs par les lois. Elle existe bien plus pour mettre un terme aux procès, que pour en assurer la juste solution, à laquelle elle peut, au contraire, quelquefois mettre obstacle, en présumant une infaillibilité dont les hommes ne peuvent cependant pas trop se targuer. Mais si c'est une nécessité dangereuse, du moins faut-il la réduire à ses limites les plus étroites. Pourquoi étendre au-delà des nécessités de la procédure intérieure, cette rigueur du droit positif ?

On parle de l'intérêt des parties dont il ne faut pas recommencer le procès ; mais, remarquons-le bien, la maxime qui peut quelquefois profiter aux inculpés, peut aussi parfois tourner à leur préjudice. Il est possible, par exemple, qu'un national, qu'un Français, soit condamné à l'étranger quoique innocent ; pourquoi ne pas lui donner la possibilité de faire établir son innocence devant ses concitoyens et par la justice de son pays ? Il ne le pourrait pas, si on admettait la maxime *non bis in idem* en droit international, car si on la considère comme nécessaire, il faut qu'elle s'applique à tous les cas sans distinction. Et alors voyez ce qui arrive : ce Français condamné à l'étranger sera plus maltraité en France, que s'il eût été condamné par des juges français ; car il n'aura aucun recours, pas même les bénéfices de la révision et de la réhabilitation contre le jugement étranger qui le condamne.

A ces premières considérations, s'en rattachent d'autres du même ordre, que signalait devant la Cour de cassation M. l'avocat général Savary en 1852 : « Si la maxime *non bis in idem* a par elle-même la force qu'on lui prête, disait ce magistrat, il n'est pas permis de choisir : il faut accepter la chose jugée d'où qu'elle vienne. » Nous ne pousserons pas, comme M. Savary, l'argument jusqu'à supposer un jugement rendu en Chine, ou chez d'autres peuples placés en dehors de ce qu'on appelait autrefois la chrétienté, c'est-à-dire en dehors de la civilisation ; le droit des gens ne va pas chercher aussi loin ses sujets. Mais, même chez les peuples civilisés, retrouvera-t-on toujours ces garanties dans la procédure et dans le choix des juges, que nous mettons au nombre des plus précieuses conquêtes de la civilisation moderne : les débats publics, l'inamovibilité de la magistrature, le jury ? Quelle que soit la confiance que les Etats se doivent respectivement, il serait téméraire de s'exposer à subir dans tous les cas, et d'où qu'ils viennent, ces jugements étrangers, et de les revêtir de ce redoutable caractère de jugement indélébile et définitif, que sanctionne la maxime *non bis in idem*.

Mais à ces raisons de procédure, s'en joignent d'autres plus graves encore, parce qu'elles touchent au fond des choses. A notre avis, la maxime *non bis in idem*, en matière criminelle, ne doit pouvoir signifier qu'une chose : c'est qu'on ne doit pas appliquer deux fois la même loi à un même fait. Car, en matière d'ordre public, la loi de chaque nationalité a son caractère et son but spécial. Or, lorsque des jugements sont rendus par deux nations, chacun d'eux est rendu en vertu de sa loi nationale ; ce n'est donc pas la même loi qui est appliquée deux fois, mais ce qui est très-différent, deux lois différentes appliquées successivent au même fait.

Et remarquons-le bien, il n'y a pas là simplement un jeu de paroles. En matière d'ordre public, chaqne peuple établit des lois protectrices qui répondent exactement à l'étendue de ses besoins. Les lois pénales affectent ce caractère d'ordre public, et c'est pour cela que les lois des divers pays sont souvent très-inégales dans la mesure de leur sévérité, par rapport aux faits de même nature. Ces lois ne peuvent donc pas être remplacées les unes par les autres, car la répression sera affaiblie et l'autorité publique paralysée en France, par exemple, si l'on doit considérer comme suffisamment puni par une amende infligée à l'étranger, un fait commis contre les lois ou l'Etat français, et que nos codes punissent de la prison ou de peines plus graves encore. Ce sont nos lois qui devront être appliquées, car elles seules répondent exactement aux besoins de notre sécurité, en vue de laquelle elles ont été faites. La maxime *non bis in idem* amènerait normalement un résultat contraire.

Sans doute, la raison, l'équité, la justice s'opposent à l'application redoublée de deux peines pour un même fait, et ce résultat on peut, on doit même l'éviter dans le second jugement. Mais sur la foi d'une maxime d'ordre tout intérieur, aller jusqu'à supprimer les garanties de sécurité que chaque peuple a voulu se donner dans ses lois, soit par la procédure, soit par la détermination des peines, c'est ce que l'on ne saurait raisonnablement admettre.

A la vérité, peu de jurisconsultes considèrent la maxime *non bis in idem* comme une règle invariable et persistant dans tous les cas; mais chez quelques-uns, et des plus autorisés, elle manifeste encore son influence, en se dissimulant sous un autre nom; et l'article 5 de notre Code d'Instruction criminelle, par exemple, quoi qu'on fasse pour l'en défendre, subit encore en réalité ses détestables effets.

Cet article dispose, que lorsqu'un Français a été jugé à l'étranger pour un crime qu'il y a commis, il ne pourra pas être de nouveau jugé en France. La Cour de cassation dans un arrêt rendu au rapport de M. Faustin Hélie, dit que l'art. 5, « bien loin de reposer sur la maxime *non bis in idem* et sur la reconnaissance de l'exception de la chose jugée, se fonde au contraire, sur le principe de la souveraineté nationale. Qu'en effet le législateur français qui reconnaît à une souveraineté étrangère le droit de juger un Français qui a commis un crime sur le territoire étranger, entend évidemment faire respecter, chez lui, le principe de la souveraineté territoriale qu'il ne méconnaît pas chez les autres. » Mais qu'importe la souveraineté territoriale dans la question ? En refusant d'appliquer la maxime *non bis in idem*, nous n'enlevons pas à une nation étrangère le droit de condamner un Français qui a commis un crime sur son territoire ; ce que nous ne voulons pas, c'est que cette condamnation prononcée en vue de la sécurité de la nation étrangère, nous lie les mains lorsqu'il s'agit de parer à notre propre sécurité. En réalité l'article 5 n'est qu'une conséquence de la maxime dont nous repoussons les effets en matière internationale, on en restreint seulement l'application au profit de la compétence territoriale. Nous allons démontrer que même avec cette restriction, ces effets sont déplorables et peuvent devenir absurdes dans l'état actuel du droit criminel international. Aussi beaucoup de bons esprits pensent-ils que l'article 5 doit être modifié (1).

M. Pasquale Fiore (2) affirme cependant, dans le même sens que l'art. 5, « qu'il n'est pas douteux que la sentence étrangère par laquelle l'auteur d'un délit commis à

---

(1) V. M. Molinier, *Recueil de l'Acad. de lég.*, loc. cit.
(2) *Droit pénal international*, p. 136.

l'étranger a été acquitté ou condamné, doit avoir pour effet (si la condamnation a été subie), d'empêcher partout ailleurs un nouveau jugement et même de nouvelles poursuites à raison du même fait. Le motif en est que le droit de juger et de condamner appartient principalement au souverain du lieu où le délit a été commis et où la loi a été violée. Remettre la question en discussion, équivaudrait à un attentat à la sûreté personnelle, qui est le fondement de tous les droits. » Voilà bien l'application de la maxime *non bis in idem* reconnue, franchement démontrée par les considérations qui la justifient dans le droit interne, et appliquée à l'hypothèse prévue par l'article 5, contrairement aux considérants de l'arrêt que nous rapportions tout à l'heure, mais conformément à la réalité des choses.

Nous ne méconnaissons pas la prédominance qui est due à la justice territoriale, nous en avons fait l'application, et nous l'admettrons encore en matière d'extradition; mais ici cette prédominance ne doit être d'aucun poids, elle ne justifie pas plus la maxime *non bis in idem* dans ce cas que dans les autres. Au reste, M. Fiore par ces mots mis entre parenthèses, «si la condamnation a été subie, » détruit en réalité les principales conséquences de sa doctrine, mais le Droit français accepte ces conséquences sans distinction. Qu'on juge de leur opportunité par cet exemple que nous présentons sans commentaires : Supposons un Français condamné pour un assassinat commis sur nos frontières, en Belgique, par exemple, il s'évade avant ou pendant l'exécution de sa peine et rentre dans son pays. Là, nous devrons le laisser jouir en paix de son évasion; la condamnation étrangère à laquelle il a su se soustraire, deviendra un véritable bienfait, une égide pour cet assassin; car nous ne pouvons ni lui faire subir la peine prononcée par ce jugement étranger, ni l'extrader puisque c'est un national, ni le poursuivre de nouveau, car l'article 5 s'y oppose. Ce seront nos lois elles-mêmes qui lui feront cette sécurité, heureux résultat d'une condamnation. Le vieux droit d'asile ne produisait pas de plus odieux effets que ceux de cette maxime tant vantée.

En tout cas, la loi française se refuserait à tenir compte d'un jugement rendu à l'étranger contre un français, ou même contre un étranger à raison d'une infraction commise en France. La prédominance de la compétence territoriale est si évidente dans cette hypothèse, qu'on n'a jamais pensé chez nous, à lui opposer la maxime dont nous venons de restreindre l'étendue à ses justes limites.

VIII

La vérité est, que chaque nation doit imposer sa loi à tous ceux qui se trouvent sur son territoire, lorsqu'il s'agit de mesures de sécurité intérieure et d'ordre public ; mais c'est avec discernement qu'elle en doit faire l'application, et c'est dans la mesure de cette application, que se manifesteront les progrès modernes du droit international. C'est là que l'on devra équitablement tenir compte des faits accomplis à l'étranger, soit en accordant l'extradition si elle est possible en faveur de la compétence territoriale, soit en appliquant la maxime *non bis in idem*, non plus pour arrêter des poursuites ou des condamnations, mais pour empêcher qu'en s'ajoutant les unes aux autres les peines prononcées ne deviennent excessives. *Non bis pœna in idem*, dirons-nous très-volontiers, en modifiant le sens ordinaire de la maxime, et alors nous arriverons aux conséquences pratiques suivantes, sans distinguer à raison de quelles circonstances le premier juge s'est déclaré compétent.

Supposons qu'il s'agit d'un sujet, soit français soit étranger, justiciable de nos tribunaux, saisi en France, après avoir été jugé à l'étranger ; s'il a été acquitté et qu'il soit reconnu coupable par notre justice, quelle iniquité y a-t-il à ce qu'il subisse intégralement la peine de son méfait? Cette solution serait particulièrement utile, si on admettait la compétence à raison de la nationalité de la victime.

S'il a été condamné à l'étranger et qu'il se soit évadé, n'est-il pas juste qu'on le saisisse, pour le rendre à la nation où il a accompli l'infraction et qui l'a condamné? Mais s'il n'y a pas lieu à l'extradition, à raison de ce que le condamné est un national ; ou bien dans le cas où, d'après nos théories, la victime est un national, à raison de ce que la condamnation n'est pas assez forte pour motiver l'extradition ; où encore à raison de ce que c'est en France que l'infraction a été commise ; n'est-il pas nécessaire qu'il soit jugé de nouveau et qu'il subisse une peine, en remplacement de celle à laquelle il a su injustement échapper?

Enfin, si l'inculpé a subi sa peine même toute entière à l'étranger, il pourra être nécessaire encore de le poursuivre, soit parce que la première peine est insuffisante au point de vue du Droit français, soit à cause des incapacités que doivent comporter les jugements français et que pourraient ne pas produire en France les jugements étrangers, particulièrement par rapport aux Français. Mais si la peine a été suffisante, et qu'elle ait été subie régulièrement à l'étranger, elle doit être prise en considération. A cet égard nous approuverions pleinement les dispositions admises dans la doctrine italienne, c'est-à-dire que nous imposerions au juge français, l'obligation d'apprécier la nature et le caractère de la peine subie, et de déduire de la peine à prononcer ce qu'on en considère comme l'équivalent déjà exécuté. Ici nous ne reculons pas devant cette évaluation, parce qu'elle s'impose par les faits accomplis. Ce serait donc suivant les cas, une atténuation, ou même une dispense légale de peine ; mais les effets infamants et les incapacités attachées à la condamnation resteraient, et cette condamnation produirait encore des effets très-nécessaires. Si au contraire un acquittement était prononcé, ce serait une sorte de réhabilitation que la loi française admettrait contre les effets de la justice étrangère, dans l'étendue de ses pouvoirs ; réhabilitation quelquefois très-équitable, très-nécessaire à l'inculpé et qui constitue, par ce qu'elle peut présenter de juste et d'humain, une nouvelle preuve de l'opportunité de nos doctrines juridiques.

IX

Après avoir posé en principe que les jugements rendus dans un pays, ne doivent pas exercer d'influence sur les poursuites et les jugements à rendre dans un autre pays, réserve faite de la prédominance de la compétence territoriale et de la peine effectivement subie, la solution de la question relative à la récidive se présente d'elle-même.

Pour qu'il y ait récidive, il faut qu'un fait punissable ait été accompli à la suite d'une première condamnation devenue irrévocable. La récidive résulte donc de l'effet que l'on attribue à la première condamnation ; si nous n'attribuons aucun effet au jugement étranger, si nous autorisons de nouvelles poursuites malgré ce jugement, c'est qu'il ne constitue pas pour nous une condamnation irrévocable, il ne saurait par conséquent pas servir d'élément à la récidive. Nous n'insisterons pas davantage sur cette solution, qui est d'ailleurs, à peu près unanimement admise aujourd'hui soit en France, soit à l'étranger (1).

____

(1) M. Fiore admet cependant l'opinion contraire, *loc. cit.*, p. 182.

X

Il nous paraît aussi évidemment conforme aux mêmes principes, que les poursuites exercées dans un pays, ne puissent produire aucun effet interruptif de la prescription de l'action, dans un autre pays. L'art. 637 Inst. crim. ne peut faire courir la prescription des derniers actes de poursuite, que si ces poursuites ont eu lieu en France, les poursuites et les condamnations étrangères ne peuvent pas plus produire d'effet sur ce point que sur les autres.

XI

Et cependant, il faut bien le reconnaître, cette inefficacité des condamnations pénales à l'étranger n'est pas absolue. Nous allons constater une dérogation à ce principe, qui s'impose à l'égard des peines accessoires atteignant la capacité des personnes. Mais ce n'est plus en vertu des dispositions du droit pénal qu'il faudra se prononcer alors, c'est à raison des règles civiles du statut personnel, que les jugements de condamnation pourront produire ces effets même en dehors du territoire. Plaçons-nous, pour simplifier les exemples, au point de vue français, et considérons comme universellement admises nos règles sur le statut personnel.

En vertu de ces règles, nous considérerons en principe, sauf les dérogations admises, un étranger venant en France comme restant soumis au droit qui régit son état et sa capacité, d'après les lois de son pays. Mais avons-nous à nous enquérir du point de savoir quelles circonstantances déterminent légalement cette capacité ? Non, évidemment ; nous n'avons à nous demander qu'une chose : Quel est l'état et la capacité de l'étranger résidant en France d'après les lois de son pays ? Si d'après ces lois un jugement a changé cet état ou cette capacité, c'est ainsi modifiée que nous devons l'accepter, sans avoir à examiner les causes de cette modification. Il est certain que dans ce cas, la condamnation étrangère produira son effet en France ; mais rien n'empêchera qu'une nouvelle condamnation ne vienne changer en France cet état de choses, et modifier les effets produits à cet égard, par le jugement étranger en prononçant de nouvelles incapacités.

La question peut paraître plus délicate, s'il s'agit d'un Français condamné à l'étranger. Dans ce cas, nous adopterons la solution inverse, parce que nous ne sommes plus lié par les règles civiles du statut personnel, et que les règles du droit pénal international s'opposent à ce qu'une peine produise son effet en dehors du pays où elle a été prononcée. En ce qui concerne le Français, son statut personnel doit être ce que le fait la loi française, la loi étrangère ne le modifie pas à notre point de vue, elle ne produit d'effet chez nous, que par rapport à la capacité de ses nationaux. Nous sommes donc ramenés sur le domaine du droit pénal. Or, d'après les principes de ce droit, le jugement étranger ne peut recevoir d'exécution en France.

XII

Il ne nous reste qu'un mot à dire sur l'influence de la chose jugée par rapport aux condamnations civiles. Le jugement criminel étranger ne produisant aucun effet en matière criminelle, n'en produira à plus forte raison aucun, sur les instances civiles. Le sursis pour juger le civil ne se produira pas davantage, et l'on n'a pas à appliquer la règle, en ce sens que les poursuites criminelles exercées dans un pays tiendraient le jugement civil en état dans un autre pays. En vertu des mêmes principes, les différents pays restent complètement indépendants les uns des autres, à l'égard des questions préjudicielles.

Mais ces règles se modifient complètement, lorsqu'il s'agit de questions purement civiles qui peuvent se joindre aux instances criminelles. Là, nous sortons du droit pénal pour entrer dans le domaine civil, et la règle *non bis in idem* doit reprendre son empire, parce qu'il s'agit non plus de questions d'ordre public, de police et de sûreté, mais uniquement d'intérêts privés. Cette matière peut présenter en pratique des détails difficiles et intéressants à étudier, nous n'avons pas à la traiter ici.

SECTION IV

Des droits d'asile, d'extradition et d'expulsion.

I

Les sociétés, à l'époque de leurs premiers développements, comme l'homme à l'état d'enfance, n'obéissent guère qu'aux instincts dont le but immédiat est d'assurer leur existence propre. Elles vivent concentrées en elles-mêmes, et se soutiennent, par un sentiment très-profond de la divinité, qui retient leurs membres assujettis aux lois essentielles de la morale sociale. Elles assurent par des peines souvent atroces, l'intimidation nécessaire pour prévenir le crime, et satisfont ainsi en même temps au sentiment de la justice, dont elles pressentent les sanctions surnaturelles. Mais la notion de justice étendue aux relations internationales, ne s'impose pas aussi directement à la conscience ou à la raison, et le sentiment en reste rudimentaire et confus, chez les peuples primitifs, comme la notion du droit d'autrui dans l'âme naïvement égoïste de l'enfant.

La lumière se fait cependant peu à peu, le progrès se réalise et la loi de justice répand ses rayons vivifiants et toujours identiques, à travers le mouvement des relations humaines sous toutes leurs formes.

. L'extradition est l'une des manifestations les plus évidentes de ce progrès moral, dans la vie internationale des peuples. Aujourd'hui elle est devenue une pratique universelle et incessante ; mais il faut bien le reconnaître, pendant des milliers d'années les nations ont déclaré sacré le droit d'asile, qui protège le mal en assurant l'impunité aux criminels.

L'asile s'est ordinairement manifesté sous deux aspects, chez les peuples même les plus civilisés : l'asile religieux ouvert à tous, nationaux et étrangers, au nom de la divinité ; l'asile politique ou international, assuré aux fugitifs contre la justice étrangère, au nom de l'indépendance de l'Etat.

II

Lorsque des hommes, des prêtres le plus souvent, ont pu au nom de la divinité, enlever des esclaves aux violences de leurs maîtres, des innocents à l'application de lois barbares, des inculpés aux dangers d'une poursuite ou d'une exécution sommaires, des coupables même, à des tourments en disproportion avec l'étendue de leur faute, ces hommes ont diminué le mal ; ils ont fait tout le bien qui était en leur pouvoir. Ils pouvaient en accordant l'asile, se dire les délégués de la divinité. Le principal vice de cette institution, fut toujours d'en livrer les effets aux hasards d'une fuite heureuse, aux chances d'une évasion habile, et de favoriser ainsi sans distinction, ceux qui en étaient dignes et ceux qui n'eussent mérité que la rigueur de lois.

Mais en dehors de ce caractère fâcheux, commun à tous les asiles, l'asile intérieur se présente dans l'histoire, sous des aspects très-différents.

Chez les Juifs il eut surtout pour objet d'assouplir des mœurs rudes au sentiment de la justice, et de substituer à des usages normalement violents, la distinction que l'on doit faire, entre les meurtriers involontaires et les assassins. Les villes asiles n'étaient ouvertes qu'aux premiers, les criminels en étaient exclus. Il en était de même de l'asile du tabernacle. *Si quis per industriam occiderit proximum suum et per insidias, evelles eum ab altare meo, ut moriatur* (1).

Chez les Grecs, il eut pour principe la fatalité, le destin, *fatum*. Ceux à qui les dieux semblent offrir l'abri de leurs temples ou de leurs autels, pour favoriser leur fuite, deviennent inviolables comme par le fait même de la volonté céleste. La justice reste désarmée devant ces arrêts de l'aveugle destin. « La fatalité élevait l'homme au-dessus du crime, dit M. Vallon dans son beau travail sur le droit d'asile, il effaçait la souillure et ne laissait à l'homme que l'empreinte du malheur » (2).

A Rome, l'asile eut les mêmes caractères d'abord, mais il fut moralisé par le christianisme ; son esprit ainsi transformé paraît se résumer dans ces paroles de Justinien : « Le privilège de l'asile est réservé aux innocents pour les mettre à l'abri des persécutions de l'homme injuste. Ce n'est qu'aux innocents que la loi ouvre l'asile

(1) Exode **XXI**, v. 13.

(2) Vallon, *du Droit d'asile*, Thèse pour le doctorat ès-lettres, p. 7. —V. aussi l'article de M. Caillemer, *Dictionnaire des Antiquités Grecques et Latines,* où l'on peut trouver l'indication des nombreux auteurs qui ont traité cette matière du droit d'asile. V° Asyle. — V. aussi les travaux de MM. Egger, Rangabé, Tissot, Beulé, Troplong, Sainte-Croix, Geinoz, Baudin ; ces quatre derniers au *Recueil des travaux de l'Académie des sciences morales et politiques.*

des temples, il serait absurde que le même asile servît à l'oppresseur et à l'opprimé. »

C'est avec ce même caractère, qu'il se continua au moyen âge. Il eut pour but de corriger la rudesse des mœurs germaines ; souvent il ne fut qu'un procédé pour arrêter les violences sanguinaires, et permettre à la justice d'intervenir, avec ses formes protectrices, avant que le coupable ne fût frappé.

A l'époque de la féodalité et de la formation des communes, se créèrent des asiles intérieurs, qui perdirent le caractère religieux, et ne furent plus que les privilèges de pouvoirs rivaux, se disputant en toutes choses la prépondérance.

Mais l'asile religieux avait persisté dans toutes les législations de l'Europe ; il n'a disparu de la plupart d'entre elles, que postérieurement à la Révolution française ; il existe encore dans certaines lois de l'Espagne, et certains traités de ce pays en portent encore la trace.

III

Quant à l'asile international, on peut dire que les peuples ou les souverains, en l'exerçant au profit des étrangers fugitifs, se sont préoccupés moins des considérations morales, que des droits de leur suprématie sur le territoire national. Mais cet asile, tout injuste qu'il fut, n'offrit pas ordinairement, dans les époques lointaines, le caractère odieux et plein de périls qu'il aurait aujourd'hui. La justice, lorsqu'elle est impuissante à arrêter tous les coupables, frappe quelquefois démesurément sur ceux qu'elle peut saisir, afin d'assurer l'intimidation par la terreur des supplices ; le fugitif alors peut être considéré, dans une certaine mesure, comme exposé à des excès résultant de la faiblesse du pouvoir, et la pitié devient facile en présence de ces rigueurs exagérées. D'autre part, la fuite à l'étranger était difficile, et les mœurs ordinairement inhospitalières à l'égard du forain, faisaient de l'exil une peine encore redoutable.

IV

Quoi qu'il en soit, il est certain que l'asile fut un droit respectable et sacré, lorsqu'il s'opposa à la violence et à la force inique et brutale ; mais il devenait progressivement un abus et un mal, à mesure que la civilisation se développait, c'est-à-dire à mesure que les lois substituaient leur juste autorité, à l'arbitraire des despotes sur leurs sujets, et des maîtres sur leurs esclaves.

Le droit d'asile fut sous ses deux formes, asile religieux et asile international, l'exagération du respect dû à la divinité et à l'indépendance de la patrie ; et c'est parce qu'il touchait ainsi, aux choses les plus élevées que puisse concevoir l'esprit de l'homme, à celles qui tiennent le plus à son cœur, qu'il a sans doute, si longtemps résisté au courant du progrès. *Liber erit qui solum Galliæ vice asyli contigerit*, disaient fièrement nos aïeux. Consentir à l'extradition leur eût certainement semblé un acte de dangereuse condescendance, ou même une lâcheté à l'égard du fugitif suppliant.

Il en est, par bonheur, bien autrement de nos jours. L'asile n'existe plus que pour les faits politiques. Mais, en restant dans nos mœurs et dans nos lois sur ce point unique, il a changé de caractère. Ce n'est certainement pas dans une pensée de respect religieux pour la divinité, ni même dans un sentiment d'indépendance défiante et jalouse qu'il prend sa source. Il est devenu une mesure de modération et de prudence, que les gouvernements s'imposent volontairement à eux-mêmes, comme pour se mettre en garde contre leurs propres entraînements.

V

Nos lois modernes semblent avoir voulu conserver quelque chose des privilèges de l'asile, en maintenant les droits de grâce et d'amnistie qui sont aussi des adoucissements aux rigueurs du droit pénal. Mais, aujourd'hui, c'est au nom de la justice même, et presque avec ses formes prudentes, que la grâce est accordée. Utile comme récompense possible pour ceux qui subissent leur peine et que le désespoir pourrait démoraliser à tout jamais, la grâce est nécessaire aussi, pour tempérer la rigueur des lois et les assouplir en vue des détours imprévus, des replis innombrables et cachés de la conscience humaine. Ce que fesait le hasard ou l'habileté du fugitif en cas d'asile, c'est la conscience du chef de l'Etat qui doit le faire, après s'être entouré de précautions et de conseils éclairés. Ainsi conçue, la grâce n'est pas une dérogation aux lois ; on pourrait dire qu'elle est plutôt le complément nécessaire de la justice criminelle. L'amnistie est établie sur des considérations de la même nature.

VI

L'extradition est la négation du droit d'asile. C'est la livraison du fugitif à la justice. A peu près inconnue des anciens, elle a commencé à se manifester dans les relations des seigneurs féodaux voisins, et a débuté non par la théorie, mais par les faits, parce qu'elle devient une nécessité inéluctable, dès que les relations se facilitent et se multiplient entre les Etats rapprochés. L'extradition n'a pas eu cependant, l'heureuse fortune d'être proclamée de nos jours, avec d'autres institutions, comme un principe universel, par la voix des grands congrès internationaux ; mais, ce qui vaut mieux, elle s'impose en fait, et c'est peut-être ce qui explique le silence des congrès à son égard.

Les traités internationaux, les lois intérieures, les usages incontestés en ont fixé aujourd'hui les règles essentielles. On a innové sur beaucoup de points depuis le commencement du siècle en cette grave matière ; mais on l'a fait avec un ensemble parfait de toutes parts. Un seul progrès ne s'est pas produit, sans trouver immédiatement un écho chez chaque peuple ; et, tout en se modifiant, on peut dire que la matière est constamment restée soumise à des règles presque aussi uniformes, que si elle eût été régie par les dispositions d'une loi positive commune à toutes les nations civilisées.

Rien n'est plus facile que de vérifier ce fait, dans les innombrables traités qui enveloppent actuellement le monde comme un réseau ; et ceux qui ont foi dans le progrès du bien y verront l'exemple saisissant de ce que peuvent devenir les institutions internationales du droit, lorsque l'expérience a manifestement établi, qu'elles sont à la fois justes et utiles pour tous.

VII

Cependant quelques publicistes attardés, résistent encore à cet élan unanime de la pratique ; on ne nie guère plus que ce soit un droit d'extrader (1), mais quelques-uns soutiennent encore que ce ne saurait être un devoir.

Une nation, en effet, pourrait-elle ne pas avoir le droit d'extrader un étranger et même de l'expulser ? Une société a toujours le droit de régler elle-même son mode de recrutement. Comment un Etat resterait-il le maître,

---

(1) V. cependant Sapey, *les Etrangers en France.* Ouvrage couronné par la Faculté de droit de Paris. — Pinheiro Ferreira, *Revue étrangère*, t. I, p. 65.

sur le territoire national, si les étrangers s'imposaient à lui, sans qu'il puisse les chasser, même lorsqu'ils viennent troubler l'esprit public par leur mépris des lois, par le scandale de leur impunité? L'extradition est donc un droit, c'est l'évidence même; il faudra seulement déterminer les règles nécessaires comme garanties de la justice et de la liberté individuelle, dans l'exercice de ce droit. Est-ce aussi un devoir? C'est ce qu'il faut examiner au point de vue des principes.

Pour arriver à la précision nécessaire sur cette question, définissons d'abord l'extradition telle qu'elle est reconnue d'après les principes unanimes du droit international contemporain; voici, pensons-nous, ce qu'on en peut dire : L'extradition est le fait par lequel un Etat, directement intéressé à réprimer une infraction, obtient que le fugitif présumé coupable ou condamné à raison de cette infraction, lui soit livré par un autre Etat qui a pu le saisir sur son territoire.

Par Etat directement intéressé, il faut entendre normalement, celui qui agit à raison de la compétence territoriale; c'est-à-dire celui sur le territoire duquel s'est accompli le fait, ou même seulement le dommage qui en résulte, suivant les règles que nous avons posées plus haut à cet égard.

Certains Etats admettent même l'extradition, à raison de la compétence personnelle; mais en cas de conflit, on est d'accord pour reconnaître que c'est toujours la compétence territoriale qui doit l'emporter. Nous reviendrons sur ce point.

VIII

L'extradition peut rentrer dans les devoirs publics, soit à raison de la mission de l'Etat à l'intérieur, soit à raison des obligations internationales auxquelles il doit être soumis.

Soit qu'il s'agisse de l'obtenir, soit qu'il s'agisse de l'accorder, elle peut rentrer dans les devoirs intérieurs de l'Etat. Il est difficile d'abord de méconnaître que ce soit un devoir de l'obtenir, ou au moins de la demander, si elle est possible, lorsqu'elle se présente comme la meilleure sanction de la justice intérieure, lorsqu'elle paraît nécessaire pour produire l'effet préventif d'intimidation et d'exemple, que doit amener toute poursuite, et qu'il y a lieu de penser qu'on l'obtiendra.

Mais, au même point de vue, est-ce aussi un devoir pour l'Etat de la concéder, quand on la lui demande. La question peut paraître plus délicate, et l'on peut ne pas voir tout de suite comment la justice intérieure peut être intéressée à ce fait. La chose est cependant fort simple. Il importe, en effet, à la sécurité publique de ne pas laisser séjourner sur le territoire, des individus qui peuvent paraître plus ou moins dangereux, les expulser ne serait que déplacer le danger, il faut donc les livrer à leur juge compétent. La commission royale nommée en Angleterre, le 17 août 1877, disait dans le rapport présenté par elle aux Chambres, que ce motif pourrait à lui seul suffire pour justifier l'extradition (1).

Ce qu'il faut remarquer d'ailleurs, c'est qu'en accordant l'extradition, on pratique, en fait, le seul moyen de l'obtenir quand on la réclamera à son tour. En matière internationale surtout, on ne peut guère espérer d'obtenir ce que l'on a soi-même refusé. « Le crime a ses espérances et ses illusions, dit M. Faustin Hélie; il aime à rêver l'hospitalité d'une terre étrangère; il nourrit ses

(1) V. le rapport de M. Brocher à l'Institut de droit international, 8e session, 1879.

projets à la pensée qu'il trouvera quelque asile contre les atteintes de la justice. Si cet espoir lui est enlevé, si la crainte d'être partout arrêté lui apparaît à l'avance, si la certitude d'être l'objet, dans quelque lieu qu'il se réfugie, des mêmes investigations, lui est démontrée, ne sera-ce pas le plus sûr moyen d'intimidation ? Chaque peuple est donc également intéressé à concourir à la punition des malfaiteurs qui se réfugient sur son territoire, pour que, par une juste réciprocité, un égal concours lui soit accordé. L'extradition est donc une loi de sa conservation, puisqu'elle est un moyen d'exécution de sa propre justice..... »

IX

Mais ce n'est pas seulement au point de vue de leurs propres intérêts intérieurs, que l'extradition s'impose aux États; elle peut devenir, avons-nous dit, un devoir, une obligation internationale parfaite. Le droit international distingue, en effet, deux espèces de devoirs : les devoirs parfaits ou impératifs, qui se rapportent, comme le dit Calvo, « à l'obligation d'observer la justice et de respecter l'indépendance, l'égalité, la propriété, la législation et la juridiction des autres États; » et les devoirs imparfaits, « qui ne sont que des devoirs d'équité, de convenance, de courtoisie, qui ne découlent que des préceptes d'humanité, d'équité, de bonne harmonie, d'amitié » (1). On pourrait assimiler ceux-ci, à ce que l'on appelle en droit civil les obligations naturelles et morales; tandis que les premiers, les devoirs impératifs, peuvent être directement réclamés en vertu des principes du droit, et peuvent être rapprochés des obligations civiles.

(1) Calvo, *op. cit.*, 1ʳᵉ édit., I, p. 100.

L'extradition est évidemment un devoir parfait ou impératif, lorsqu'elle est commandée par les termes d'un traité, comme il y en a aujourd'hui tant à cet effet. Mais en dehors des cas où un traité existe, reste-t-elle encore un devoir; est-ce même un devoir de contracter des traités d'extradition, lorsque les Etats le réclament? Ces questions méritent d'être examinées de plus près.

Certains auteurs pensent que l'extradition n'est jamais obligatoire pour les Etats qui ne sont pas liés par des traités, et qu'on ne saurait non plus, jamais être contraint à passer des traités à cet égard. Martens, Story, Kluber, sont d'avis que les Etats ont toujours le droit de se défier de la justice d'autrui, et qu'ils ne peuvent se mettre au service des tribunaux étrangers, au détriment de leur souveraineté. Grotius, Vattel, Kant, Burlamaqui, Rutherford dans le passé, et presque tous les auteurs contemporains, considèrent, au contraire, à des degrés divers, l'extradition comme un devoir dans certains cas.

Grotius et quelques publicistes à sa suite, accordèrent, il est vrai, l'alternative pour le pays de refuge, d'extrader ou de punir. Cette alternative ne pourrait pas se produire aujourd'hui pour les nationaux, que l'on n'extrade jamais. Quant aux étrangers, elle ne se présenterait que dans l'hypothèse où la victime de l'infraction serait un national du pays de refuge, suivant notre théorie; et, dans ce cas, si l'extradition était demandée par les autorités du lieu de l'infraction, cette compétence territoriale devrait l'emporter, et l'extradition devrait avoir lieu.

Mais nous pensons qu'il faut distinguer suivant les hypothèses, pour savoir si le fait de l'extradition ou la confection d'un traité sont obligatoires, comme devoirs parfaits, ou s'ils ne sont que des devoirs imparfaits.

Normalement, il n'y a là qu'un devoir imparfait, et dans cette limite, on est généralement d'accord pour reconnaître que le devoir existe, à cause de l'intérêt général qui se rattache à la certitude des répressions. Mais, si les refus d'extradition sont si caractérisés ou si persistants, qu'ils deviennent une atteinte au principe de l'égalité des États, en même temps qu'un manque de respect à la dignité de celui dont on repousse les offres, les faits prennent un caractère nouveau.

De même, si ces refus se transformaient en une suite d'impunités systématiquement organisées, et dans de telles conditions que l'ordre et la sécurité seraient menacés, dans l'un et l'autre État, ou tout au moins sur le territoire de la nation dont on arrêterait les poursuites, les extraditions individuelles et même des traités mettant fin à cet état de choses, pourraient évidemment être réclamés comme devoirs impératifs.

On pourrait appliquer les mêmes principes au fait de demander l'extradition, mais l'intérêt qu'ont les États à poursuivre, les porte naturellement à ne rien négliger à cet égard.

X

L'extradition s'impose bien plus encore, comme une nécessité de fait, que comme un devoir légal ; ou, pour parler plus clairement, c'est un devoir auquel il est aujourd'hui difficile de se soustraire.

Inconnue, du moins comme institution régulière, chez les anciens peuples, chez les barbares ou même entre les nations du moyen âge, parce qu'en réalité les relations n'existaient assidûment, ni entre les États ni entre leurs nationaux, elle ne pouvait pas non plus se produire au temps de la domination romaine, parce qu'elle suppose des États indépendants, et que les Romains ne reconnaissaient d'autre puissance que la leur.

Mais elle apparaît, dès que deux ou plusieurs peuples établissent entre eux des relations habituelles ; parce qu'alors la fuite devient facile par les moyens matériels déjà établis pour effectuer les transports des personnes ou des produits, et qu'elle est une peine morale singulièrement adoucie, par les relations incessantes que le fugitif pourra entretenir avec sa famille et son pays.

C'est ainsi qu'on peut voir l'extradition se montrer dans les rapports des divers peuples grecs, sous les formes très-primitives d'entreprises de force privée que les lois et les mœurs autorisent (1).

Au moyen âge elle se caractérise plus nettement, mais c'est sur une scène et sous des apparences dénuées de grandeur. C'est entre les seigneurs féodaux qu'elle se produit spontanément pour ainsi dire, dès que ceux-ci permettent à leurs vassaux de voyager, de commercer, de se mettre en relations, en *parcours et entre cours*, avec les seigneuries voisines.

Enfin, les nationalités modernes se constituent, les groupes naturels se forment en Europe, le principe de la loi naturelle et de son universalité s'établit, les peuples sont rapprochés par les liens d'une religion et d'un pontife commun. L'extradition ne doit pas tarder à se montrer, avec ses caractères distinctifs. On la voit en effet, à la fin du moyen âge, se développer et grandir dans la science et dans les traités, se fixer sur des principes certains, et faire sentir dans les mœurs sa salutaire influence.

Constatons-le, à notre honneur, c'est la France, le

(1) C'est ce qui nous paraît résulter, notamment, des principes sur l'asile religieux ouvert même aux étrangers fugitifs, de l'asile attaché à la personne de certains individus en divers pays, enfin de la combinaison des lois dont Démosthène nous a transmis le texte dans plusieurs de ses discours.

pays traditionnel des généreuses entreprises, qui la première réalisa et propagea autour d'elle cette œuvre d'honnêteté sociale, cette application sévère, mais élevée et moralisatrice des rigueurs de la loi.

De nos jours, sans l'extradition, l'impunité pourrait s'organiser bien facilement en système : plus les relations deviennent faciles, plus l'extradition devient indispensable.

La même progression peut se constater aussi, par rapport aux distances. Plus deux territoires sont rapprochés et d'accès facile, plus l'extradition devra se montrer facile à son tour. Les délits prévus dans les traités devront être de moins d'importance entre deux peuples voisins, qu'entre deux peuples séparés par de grandes distances.

XI

Grotius proposait au pays de refuge l'alternative d'extrader ou de punir. Dans les cas où cette alternative pourrait se produire d'après nos lois, c'est toujours à la compétence territoriale qu'il faut donner la préférence, c'est-à-dire à l'extradition, car c'est presque toujours en vue de cette compétence, que l'extradition s'accomplit. Admettre que le pays de refuge peut punir par préférence au pays où s'est commise l'infraction, c'est enlever à l'instruction ses principales garanties, à la répression la plus grande partie de ses effets utiles. Il ne faut rien moins que des raisons de droit constitutionnel de l'ordre plus élevé, pour ne pas étendre cette institution aux nationaux. Le principe à appliquer est donc qu'il faut autant que possible, que les infractions soient punies là où elles ont été commises, et les raisons d'admettre ces principes sont multiples et décisives.

Il n'y a aucun doute d'abord, en ce qui concerne les

facilités de la poursuite et les garanties de l'instruction. C'est au lieu où l'infraction s'est produite, que se trouvent d'ordinaire le corps du délit ou les instruments du crime, c'est là que sont les complices, les témoins, les traces, les preuves matérielles.

C'est là aussi que les témoins se prêteront avec moins de répugnance et plus d'utilité à l'œuvre de la justice. Un témoignage écrit n'aura jamais la valeur probante d'une déposition orale ; et si l'on veut faire venir les témoins à l'étranger, que de complications, de dommages réels les menacent, et les porteront à dissimuler l'importance et l'étendue de ce qu'ils savent, pour échapper à ces dommages et à ces ennuis. Et même, lorsque ces témoignages seront obtenus, auront-ils dans une langue différente de celle du tribunal, toute leur portée après une traduction plus ou moins fidèle? Comment pourront être appréciées par un juge, et surtout par un jury étranger, les habitudes de langage, les allusions souvent peu marquées quoique très-caractéristiques, des témoins, aux mœurs, aux usages spéciaux à leurs pays? Ne vaut-il pas mille fois mieux, renvoyer l'inculpé au pays dont il a directement violé les lois, et rechercher les circonstances de l'infraction là où elles se seront produites?

Quant aux effets de la condamnation à prononcer, tous les avantages se montrent encore dans le même sens.

C'est en effet, là où le crime est connu que la répression est utile. Or, le crime est souvent inconnu au lieu de refuge, il l'est toujours au lieu où il a été commis. Les condamnations n'ont pas seulement pour but d'atteindre le coupable, elles servent à manifester la vigilance de l'Etat, elles doivent avoir un caractère préventif et exemplaire. Ces effets se réaliseront plus utilement et plus sûrement, si le crime est puni là où il a porté le trouble et le mal, que s'il est puni dans un pays lointain

où le criminel est peut-être aussi inconnu que le crime.
La justice pourrait paraître désarmée, là où elle devrait
montrer sa vigilance et sa fermeté ; elle sévirait là où
l'opinion publique n'apprécierait peut-être pas suffisamment, les motifs de sa rigueur.

XII

L'extradition peut atteindre aussi les condamnés qui
ont échappé à leur peine. Nous avons repoussé l'application de la règle *non bis in idem* en matière internationale,
nous admettons qu'une condamnation prononcée dans un
pays ne fait pas obstacle à une nouvelle poursuite dans
un autre pays ; mais on doit appliquer ici encore, les
règles que nous avons établies sur les compétences et
leur importance relative.

Un national jugé à l'étranger devrait, à notre avis,
pouvoir être jugé de nouveau dans son pays, parce qu'il
ne peut pas être extradé. Quant au condamné étranger,
ou bien le pays de refuge n'a aucune compétence par
rapport à lui, ou bien il n'a que la compétence personnelle qui devrait, d'après nous, pouvoir résulter de la
nationalité de la victime ; dans ce cas on doit l'extrader,
pour qu'il subisse la peine prononcée contre lui, à raison
de la compétence territoriale toujours prédominante.

Mais par le même motif si, condamné à l'étranger à raison de la compétence personnelle, il est revenu sur le lieu
du crime, on ne l'extradera pas, on le jugera de nouveau,
et on lui appliquera les effets de la sentence prononcée
là où l'infraction a été commise.

XIII

La pratique actuelle de l'extradition telle qu'elle est
généralement admise, n'a jamais provoqué de graves abus ;

elle présente cependant un danger auquel il est nécessaire de pourvoir. Dans presque tous les pays, la concession d'extradition appartient exclusivement au pouvoir exécutif sans contrôle, ce qui peut être considéré comme une absence de garanties suffisantes, pour la liberté individuelle.

En France, une circulaire ministérielle de 1875 est venue modifier cet état de choses, et ordonner que le réfugié soit l'objet de certaines précautions confiées aux magistrats des parquets. La Belgique, l'Angleterre, la Hollande, ont consacré des lois à la règlementation de cette matière importante; l'Italie s'en occupe en détail dans le texte de son Code pénal et prépare en ce moment une loi spéciale; en France aussi une loi est depuis longtemps votée par le Sénat, il est à désirer qu'elle soit bientôt soumise aux délibérations du Corps législatif.

Il n'est ni habile ni juste, en effet, de priver les étrangers de garanties qui leur donnent la sécurité dans les lieux où ils vont s'établir. L'organisation de la procédure criminelle, protectrice de la vie, de la liberté, de l'honneur, des biens, est un des plus inappréciables bienfaits de la civilisation; pourquoi en priver de parti pris les étrangers.

D'ailleurs, les nationaux eux-mêmes peuvent avoir un grave intérêt dans les garanties accordées à l'extradition. Les questions de nationalité sont quelquefois obscures et difficiles, et tel individu qui est réellement français peut facilement se voir contester cette qualité, et être traité comme un étranger. Accorder au pouvoir exécutif seul, le droit d'extradition, n'est-ce pas lui laisser la possibilité de trancher de sa propre autorité, ces graves questions, ainsi que bien d'autres qui touchent aux principes les plus respectables et les plus sacrés de la loi.

Ces intérêts, ces droits, doivent être placés entre les

mains de ceux qui en sont les gardiens naturels, c'est ce
qu'ont voulu consacrer les auteurs du projet de loi français. Ils l'ont fait sagement, savamment, mais incomplètement à notre avis ; quelques règles de détail devraient
être ajoutées à la loi, excellente d'ailleurs par son principe, et par le but qu'elle se propose d'atteindre.

XIV

Mais les lois sur l'extradition ne sont que des dispositions générales, dominant les relations d'un Etat avec
d'autres Etats. Ces relations se règlent dans leurs détails
par des traités spéciaux et par les . actes individuels
d'extradition. Les traités règlent les actes individuels,
comme les lois règlent la rédaction des traités.

Il n'y a pas de doute sur la question de savoir .com-
ment et par qui doivent être faites les lois sur l'extradition ; ce sont des lois ordinaires, soumises aux règles
normalement pratiquées à cet égard. Mais le droit constitutionnel est plus indécis et plus variable, en ce qui
concerne la confection des traités, ou les faits d'extradition individuelle.

Montesquieu (1), dans son fameux chapitre sur la
Constitution d'Angleterre, paraît attribuer exclusivement
au pouvoir exécutif, tout ce qui concerne les rapports
internationaux. « Par la seconde puissance, dit-il, le
prince ou le magistrat fait la paix ou la guerre, envoie
ou reçoit des ambassades, établit des sûretés, prévient
des invasions. » Conformément à ce principe, dans les
monarchies constitutionnelles contemporaines et même
dans certaines républiques, le droit de faire des traités
d'extradition a été laissé sans contrôle au pouvoir exécu-

_____

(1) *Esprit des Lois*, liv. XI, ch. 6.

tif. C'est là une question de droit constitutionnel, plutôt que de droit international, nous n'avons à pas entrer dans des détails à ce sujet; bornons-nous à dire que la pratique française actuelle considère comme touchant à l'état des personnes les traités d'extradition, et les soumet au contrôle du pouvoir législatif. Cette solution nous paraît absolument sage et rationnelle.

Des dissidences de même nature se produisent par rapport au fait de l'extradition. Le projet de loi français a adopté, à notre avis, la meilleure des solutions parmi celles que présentent la pratique et la théorie. Elle a soumis au contrôle et à l'approbation de l'autorité judiciaire, le fait accompli par le pouvoir exécutif, intermédiaire normal des relations internationales; mais elle aurait dû fixer certains points essentiels à ce sujet.

D'autres questions graves sont encore en discussion dans la théorie, et restent en suspens dans la pratique. Nous devrons nous borner, pour ne pas sortir de notre cadre, à mentionner celles qui se rattachent directement aux principes fondamentaux de la matière. Nous indiquerons sommairement les solutions qui nous semblent devoir être adoptées, d'après les données de la philosophie et de la science sociale.

Ces questions peuvent se rapporter aux infractions qui font l'objet de l'extradition, ou aux personnes, ou aux conditions et effets normalement attachés au fait de l'extradition.

XV

Un principe rationnel qui peut, sans doute, n'être pas sans exception, mais qui doit dominer la matière, c'est que les faits sujets à extradition doivent être punissables dans le pays de refuge et dans le pays réclamant, au moment où l'extradition est demandée. La chose est évidente en ce qui concerne le pays qui réclame ; mais il doit en être de même par rapport au pays de refuge.

Sans doute, ce sont les autorités du pays requérant qui ont l'action, ce sont leurs sentences que l'on veut rendre réalisables, en levant l'obstacle des frontières du pays de refuge. Mais c'est la justice, telle qu'il l'entend, que ce dernier pays veut favoriser. Comment pourrait-il rationnellement, en vue d'un intérêt étranger, mettre en mouvement ses agents pour la répression d'un fait que ses propres lois placent à l'abri des poursuites. Au nom de la justice, il se prêterait à l'accomplissement d'un acte qu'il déclare lui-même injuste ou périlleux.

Les traités d'extradition se font suivant ces principes ; de là résulte qu'une infraction prescrite, soit dans un pays, soit dans l'autre, ne peut plus être l'objet d'une extradition. De là doit résulter encore, le principe de réciprocité pour les concessions d'extradition. Mais c'est le cas de dire qu'il n'y a guère de règle sans exception, et si, par exemple, il existe des crimes d'une nature particulièrement dangereuse dans un pays, qui n'offrent pas de dangers analogues dans un autre, il faudra pouvoir déroger aux principes généraux. Il devra exister pour cela des raisons spéciales, et si des traités sont conclus, ils devront consacrer ces exceptions par des clauses formelles. Les lois de la Hollande sur la destruction des digues nous offrent un exemple frappant de ces cas spéciaux, pour lesquels l'extradition se justifiera au profit de ce pays, sans qu'elle ait besoin de se produire réciproquement, pour les mêmes faits accomplis dans les autres pays où ils n'ont plus la même gravité.

La conclusion pratique sur laquelle on a vivement discuté dans ces derniers temps, et à laquelle nous voulons promptement arriver, c'est que dans la rédaction d'une loi sur l'extradition, on doit, d'après nous, poser la réciprocité comme un principe général, sans doute, mais avec la possibilité d'y déroger par des clauses expresses insérées dans les traités.

Les mêmes règles sont applicables lorsque l'extradition porte, non sur un inculpé, mais sur un condamné qui s'est soustrait à sa peine.

Une seconde observation relative à la nature des infractions, c'est qu'elles doivent être d'une gravité suffisante pour que les fatigues, les délais et les frais de l'extradition ne soient pas en disproportion avec la peine à prononcer ou à faire subir. C'est pour cela, que pendant longtemps, les crimes seuls ont motivé l'extradition. C'est depuis quelques années seulement, que les délits suffisent à motiver l'extradition, qui ne se produit jamais, encore du moins, en matière de simples contraventions de police.

Enfin, à ce même point de vue de la nature des infractions, nous avons dit que l'asile avait été maintenu, en matière de délits politiques et de faits connexes à ces délits; on est absolument d'accord sur l'opportunité de ce principe. «Ces faits, disait M. Martin du Nord (1), s'accomplissent dans des circonstances si difficiles à apprécier, ils naissent de passions si ardentes, qui souvent sont leur excuse, que la France maintient le principe que l'extradition ne doit pas s'appliquer aux faits politiques. » Un magistrat français disait récemment d'une façon plus précise, dans un remarquable discours de rentrée, que les formes de gouvernement « varient suivant les temps et suivant les contrées, qu'elles n'ont ni la fixité, ni la permanence de la loi morale, et que les attaques dirigées contre elles, toujours blâmables dans le pays où elles se

____

(1) Circulaire du 5 avril 1841.

produisent, peuvent ne pas le paraître dans le pays où l'auteur s'est enfui (1). » Parfois même, ajoutait un magistrat belge, « le triomphe change en héros, ceux que l'insuccès rend criminels. »

Mais si le principe est incontesté, il n'en est pas de même des limites de son application. Qu'est-ce qu'un fait politique, et qu'est-ce qu'un fait connexe à un fait politique? A notre sentiment, un fait politique est celui qui n'a pour but que de porter atteinte à la forme du gouvernement ; le fait connexe à un crime politique est celui qui a été commis *en vue* de ce fait politique. Mais nous ajouterions, que si ce fait connexe constitue une atteinte à la propriété ou aux biens par la violence, il faut qu'il ne soit pas de ceux que réprouvent même les règles qui régissent les luttes internationales, c'est-à-dire la guerre. L'extradition est un acte international, et le droit des gens ne doit pas se montrer plus indulgent pour les actes accomplis dans une guerre de rues, ou entre concitoyens, que s'ils étaient accomplis dans une guerre régulière et contre des ennemis.

La guerre admet et légitime bien des violences et des horreurs, mais elle flétrit l'assassinat ; c'est en se plaçant à ce point de vue, que doit être résolue d'après nous, la célèbre question relative aux attentats contre les chefs d'Etat républicains ou monarchiques. Il y aurait là une idée féconde à développer, grâce aux progrès réalisés dans les règles du droit de la guerre, mais nous devons rester ici dans les principes généraux. Bornons-nous à redire, que le droit des gens doit flétrir et poursuivre l'assassinat sous toutes ses formes, en temps de paix comme en temps de

____

(1) M. Moulineau, avocat général, discours de rentrée prononcé à la cour d'Amiens, 1878.

guerre, et le mettre en dehors des actes politiques, comme
on le met en dehors des actes légitimés par la guerre (1).

XVI

Quant à la qualité des personnes, une règle à peu près
universellement admise, c'est qu'on n'extrade pas ses
nationaux. Il n'y a guère, dans la pratique, qu'en Angleterre et aux Etats-Unis, que la jurisprudence manifeste
des hésitations sur ce point.

Le principe de la territorialité des lois dominant dans
ces deux pays, on ne peut y punir d'ordinaire, les crimes
commis par les nationaux à l'étranger, même lorsque
ceux-ci sont de retour sur leur territoire, et pour ne pas
les laisser impunis il n'y a qu'un moyen à prendre, c'est
de les extrader. Mais d'une part, ces deux nations ont
souvent fait brèche à leurs principes, et, d'autre part,
les difficultés dont l'extradition y est entourée diminuent
la portée de ces principes.

En doctrine, des dissentiments se sont produits d'une
façon plus nette, dans notre pays. M. Jules Favre disait au
Corps législatif, en 1866, que le refus d'extrader les
nationaux était le résultat de « préoccupations étroites
et mesquines de nationalité, » et dans deux discours de
rentrée en 1878, les mêmes idées étaient habilement déve-
loppées devant les cours d'Amiens et de Chambéry (2) ;
c'est aussi l'opinion d'un écrivain entouré d'une grande
autorité en matière d'extraditions, M. Billot.

Quelque prédominance que l'on doive accorder à la

(1) V. le protocole des séances de la conférence de Bruxelles en 1873,
où la France était si dignement représentée par M. le général Arnaudeau.

(2) Par M. Moulineau, avocat général à Amiens, et M. Mareschal,
substitut du procureur général à Chambéry.

juridiction territoriale, nous pensons, au contraire, avec la presque unanimité de la pratique internationale de tous les temps, que les nationaux ne doivent pas être extradés. Les principes du droit constitutionnel moderne, autant que la raison, semblent s'opposer à cet abandon d'un homme par ces concitoyens.

Le droit constitutionnel proclame implicitement ou explicitement, dans tous les Etats, que l'on doit garantir aux nationaux leurs juges naturels : cette règle formulée en France, à plusieurs reprises, par nos anciens Parlements, est renouvelée dans les Chartes de 1814 et de 1830. Or, par juges naturels, on ne peut entendre évidemment, que les juges nationaux, déterminés suivant les principes constants du droit intérieur, choisis conformément aux lois, et se conformant aux règles normales de la procédure. L'art. 4 de la Charte de 1814 était très-explicite dans ce sens : « Personne, disait-il, ne peut être poursuivi, ni être arrêté, que dans les cas prévus par la loi, et suivant la forme qu'elle prescrit. » Or, il ne pouvait être question que des formes prescrites par les lois nationales ; c'est la compétence et la procédure nationale qui sont garanties aux nationaux. Certaines constitutions actuelles proclament même directement, le principe de l'exemption d'extradition pour les nationaux, et un grand nombre de lois intérieures le formulent aussi très-expressément (1).

La raison veut qu'il en soit ainsi. « Ce serait une monstruosité, disait M. de Parrieu en 1866 (2), d'admettre qu'un français rentré dans sa patrie, entouré de ses pa-

----

(1) Voir pour les détails à cet égard, le rapport de M. Bonjean au Sénat, sur la loi de 1866.

(2) Séances du Corps législatif. Discussion de la loi qui modifie les premiers articles du Code d'Inst. criminelle.

rents, de ses amis, placé sous la présomption d'innocence et aussi sous la protection de ses antécédents, pourrait être arraché aux juges qui le connaissent, sur une dénonciation venue de l'étranger ; pourrait être enlevé à la justice de son pays, et livré à des procédures ignorées de notre législation, et peut-être contraires à ses principes : tout cela au mépris de cette garantie écrite dans plusieurs Constitutions de la France, que le français ne peut être distrait de ses juges naturels. »

Tout cela est parfaitement vrai. Lorsqu'un français coupable à l'étranger est saisi sur le lieu de son infraction, il subit les effets de la situation qu'il s'est volontairement donnée, et nous n'avons à intervenir que pour lui assurer les formes de la justice ordinaire du pays. Mais lorsqu'il s'est réfugié en France, c'est nous qui sommes les maîtres de sa personne; nous ne pouvons pas le livrer à des juges auprès desquels il trouvera, peut-être, des garanties de justice, mais non pas celles qui lui ont été promises par les lois de son pays.

Grotius imposait l'alternative d'extrader ou de punir. Ordinairement, il vaut mieux livrer : nous sommes dans un cas spécial où l'on doit punir soi-même.

XVII

Il ne nous reste plus, pour terminer cet aperçu rapide sur les principes qui dominent l'extradition, qu'à insister sur un caractère qui nous semble absolument essentiel, et dont l'application nous paraît être la question de vie ou de mort de notre institution ; nous voulons parler du principe de spécialité complètement restrictive, des termes de la concession d'extradition.

Cette règle féconde en conséquences pratiques, et qui soulève des questions délicates d'application, est univer-

sellement admise, elle doit être scrupuleusement observée.
Elle signifie que lorsque l'extradition d'un individu est
demandée pour un fait déterminé, la nation qui l'a
obtenue ne saurait poursuivre ou punir cet individu que
pour ce fait, et ne pourrait le faire pour aucun autre.
En devrait-il être de même dans le cas où le fait chan-
gerait de qualification devant les tribunaux du pays réclamant? Nous le pensons, quoique la Cour de cassation
paraisse ne pas adopter cette doctrine prudente. Mais ce
sont là des points d'application qui ne doivent pas avoir
leur place ici.

Bornons-nous à constater, que ce principe de la spécialité de l'acte d'extradition est absolument nécessaire au
respect des traités, et qu'il doit être pratiqué par les Etats
avec la plus parfaite bonne foi. Quelle serait la portée
des traités et des règles du droit des gens, si après avoir
demandé l'extradition à raison d'un fait réel ou imaginaire,
on pouvait ensuite poursuivre l'extradé pour un autre
fait, que par exemple les traités n'ont pas prévu ou même
dont l'extradition doit être refusée en vertu des principes
du droit des gens?

Un long démêlé s'est produit à ce sujet, entre l'Angleterre et les Etats-Unis, et s'est continué de 1870 à 1876;
on y a parlé d'absence de traités, et des dispositions
de lois intérieures; mais c'est la morale naturelle et la
raison qu'il fallait invoquer.

A quoi servirait-il donc, d'exiger qu'un Etat indique
dans ses demandes le fait à l'occasion duquel il sollicite
l'extradition, si on pouvait poursuivre l'extradé pour un
autre fait? La raison et la loyauté exigent que l'Etat qui
a ouvert ses frontières à la justice étrangère, ne soit pas
dupe de sa condescendance, qu'il ne voie pas ses intentions méconnues, et sa confiance trompée par des poursuites que peut-être il n'aurait pas autorisées, lorsqu'il en

était encore le maître. Quel est le pays qui n'éprouverait pas une légitime répugnance à la pratique fréquente de l'extradition, si ces règles étaient méconnues.

Le respect de ce principe de la spécialité, est aujourd'hui porté si loin chez nous, que le projet de loi français a admis une règle déjà pratiquée antérieurement du reste, en vertu de laquelle il ne suffirait pas que l'extradé consentît devant les tribunaux étrangers à être jugé pour un fait motivant l'extradition ; il faudrait encore le consentement du gouvernement français. La raison de cette mesure est donnée en ces termes dans l'Exposé des motifs : « La déclaration de l'accusé... pouvait ne pas sembler suffisamment libre, ou tout au moins suffisamment éclairée. » Tels sont, en effet, les égards qui sont dus à la bonne foi et aux vrais principes du droit, bases essentielles sur lesquelles repose l'avenir des relations internationales.

XVIII

Voilà les principes du droit d'extradition, il resterait à examiner dans une exégèse aussi exacte que possible, les dispositions admises dans les traités ou les lois actuellement en vigueur. On pourrait constater l'entente merveilleuse que manifestent les traités, et les progrès vraiment admirables, réalisés d'après les principes dont nous venons de présenter les éléments.

La rédaction des lois intérieures contribuera, certainement, à favoriser cette marche dans la voie du progrès ; et nous ne pouvons qu'applaudir à ce projet français, dû à l'initiative de M. Dufaure, qui viendra bientôt sans doute consacrer, dans une formule précise, les vrais principes, et assurer sur notre territoire des garanties sérieuses à la liberté individuelle des nationaux et des étrangers.

Dès que la civilisation se développe, les peuples se rapprochent par un attrait naturel, et sous l'influence de besoins réciproques, matériels et moraux. L'unité de la loi morale tend à s'établir, et l'extradition se substitue à l'asile ; elle apparaît comme un signe certain de civilisation, de concorde, et de progrès dans le sens de la paix sociale et de la justice.

Mais la haine du mal, et l'ardeur que l'on met à le poursuivre, peuvent elles-mêmes engendrer des dangers. La France, emportée par une généreuse ardeur, avait négligé jusqu'à ce jour, d'entourer d'une protection suffisante, le fugitif qu'un autre Etat réclame. Ne faut-il pas que son identité, sa nationalité, les présomptions qui le poursuivent, soient sûrement établies avant de porter le trouble dans une situation quelquefois *a priori* très-digne d'intérêt ?

Instinctivement plus réservées que la France, peut-être moins ardentes à la prompte réalisation des grandes idées, d'autres nations s'étaient montrées tout d'abord plus prudentes dans le fait de l'extradition, plus soucieuses de la liberté individuelle. La Belgique, l'Angleterre ont organisé, avant nous, une procédure et des lois qui sont de précieuses garanties pour la liberté et l'honneur de tous les habitants de leur territoire.

XIX

Le droit d'expulsion reste encore entre les mains du pouvoir exécutif. Moins grave que l'extradition, puisqu'il n'a pas pour but de livrer à la justice celui qui en est l'objet, il est considéré comme une nécessité de la politique et de la sécurité intérieure, qui exige, dans certains cas, une grande promptitude d'action à l'égard des étrangers. Certes, l'expulsion n'est pas pratiquée sans danger, et peut-être, songera-t-on à l'entourer de garanties, ou du moins à assurer des recours possibles contre les mesures provisoirement prises ; pour le moment, l'extradition seule a été soumise à des règles utiles que fixent les usages, les traités ou les lois.

XX

C'est dans la loi hollandaise, et dans ce projet de Code pénal italien, dont notre savant collègue, M. Molinier, nous donnait l'année dernière la judicieuse analyse (1), que les principes juridiques ont reçu, à notre avis, leur plus utile et leur plus exacte application.

Nous voudrions voir ces progrès, récemment réalisés dans les lois de ces deux nations, arriver jusqu'à nous. C'est avec l'autorité de ces précédents que nous proposerions quelques modifications, au projet de loi approuvé par notre Sénat ; et quoique le caractère de cette étude ne nous ait pas porté à l'analyse des détails, nous indiquerons ceux sur lesquels nous proposerions quelques amendements.

L'intérêt d'actualité fera comprendre pourquoi nous dérogeons ici au caractère de cet exposé de principes ; nous nous bornerons, d'ailleurs, à justifier en quelques mots les amendements que nous voudrions voir apporter à une loi, qui dans son ensemble, constitue une utile et sage innovation.

---

(1) *Recueil de l'Académie de Législation de Toulouse*, année 1879-80

PROJET DE LOI SUR L'EXTRADITION

VOTÉ EN DEUXIÈME LECTURE PAR LE SÉNAT FRANÇAIS

dans sa séance du 4 avril 1880

AVEC LES AMENDEMENTS DONT IL PEUT PARAITRE SUSCEPTIBLE.

ARTICLE PREMIER.

Le gouvernement pourra, sous condition de réciprocité, livrer aux gouvernements étrangers, sur leur demande, tout individu, non Français, poursuivi, mis en prévention ou en accusation par une autorité compétente, ou condamné par les tribunaux de la puissance requérante, pour avoir commis, sur le territoire de cette puissance, l'une des infractions ci-dessous indiquées, et qui serait trouvé sur le territoire de la République ou de ses possessions coloniales [1].

Le gouvernement pourra aussi donner suite aux demandes d'extradition motivées par des infractions commises sur le territoire d'une puissance tierce par un individu non français, mais pour le cas seulement où la législation française autorise la poursuite en France des mêmes infractions commises par un étranger hors du territoire de la République [2].

[1] AJOUTER A LA FIN DU PREMIER ALINÉA : « *On pourra, par une clause formelle, déroger, dans les traités, au principe de la réciprocité, notamment aux cas où il existera des infractions spéciales à certains pays; pourvu, dans ce cas, que les infractions spéciales impliquent les éléments moraux nécessaires en France à l'existence des crimes et des délits, et qu'elles soient dans les limites de pénalité établies à l'article 2.* »

Motifs. — La réciprocité doit être l'état normal ; c'est elle que l'on doit présumer dans l'interprétation des traités ; mais il ne faut pas que la France se prohibe absolument le droit d'extrader pour des faits qui, inoffensifs ordinairement sur son territoire et non prévus par ses lois, constituent cependant, au point de vue de la morale et des principes généraux du droit, de véritables crimes très-justement prévus et punis par d'autres législations, sous des dénominations particulières. Nous avons pris pour exemple au texte, le fait de porter atteinte à la solidité des digues en Hollande. On ne peut procéder en cette matière par équivalent ; il faut demander l'extradition pour l'incrimination sous le nom précis de laquelle la poursuite doit avoir lieu. Or, le bon sens indique que la France devrait accorder l'extradition à la Hollande pour ce fait qui peut amener les plus grands malheurs dans ce pays, sans avoir à la demander à son tour pour ce même fait que ne prévoient pas nos lois. On s'enlèverait cette faculté, très-utile dans ce cas et dans d'autres cas analogues, si on posait la règle de réciprocité comme un principe absolu et sans exception (1).

[2] Ajouter a la fin de l'article ces mots : « *La nationalité de l'individu s'apprécie, sauf disposition contraire insérée dans les traités, au moment de l'infraction et non au moment de l'extradition.* »

Motifs. — Il est possible qu'après avoir commis une infraction qui l'expose à l'extradition, un individu se fasse naturaliser dans le pays où il s'est réfugié, pour invoquer ensuite en sa faveur le bénéfice de l'immunité qui compète aux nationaux. Il faut qu'on puisse déjouer cette fraude. Il faut aussi pouvoir ménager la susceptibilité des nations avec lesquelles on traite, et prévoir même les cas où la fraude pourrait cesser d'être condamnable ; voilà pourquoi nous établirions la faculté de déroger à cette présomption par les dispositions des traités. Voir en ce sens les traités de l'Angleterre avec le Brésil, 1872 ; avec l'Italie, 1873 ; avec la France, 1876, et les traités entre l'Italie et la Grèce en 1877.

(1) M. de Ventavon avait parlé dans ce sens à la commission du Sénat. V. Discours de rentrée de la Cour d'appel de Chambéry, 1878, par M. Mareschal, substitut du procureur général, et un article de M. Antoine, *Revue crit* de 1879, p. 286.— V. aussi les vœux exprimés en ce sens par l'Institut de droit international à Oxford, en 1880, art. 5 et 11, et *Rec. de l'Acad. de législat.*, 1880, p. 308.

Art. 2.

Les faits qui pourront donner lieu à l'extradition, qu'il s'agisse de la demander ou de l'accorder, sont les faits suivants : 1° Tous faits punis de peines criminelles par les lois françaises ; 2° les faits punis de peines correctionnelles par les lois françaises, lorsque le maximum de la peine est de deux ans et au-dessus [3]. La peine applicable pour les inculpés, la peine appliquée pour les condamnés, détermine les cas dans lesquels l'extradition peut être réclamée ou accordée. Sont comprises dans les dispositions qui précèdent, en matière de crimes, la tentative et la complicité, de même en matière de délits, lorsqu'elles sont punissables d'après les lois françaises. Ces dispositions comprennent aussi les infractions de droit commun commises par des militaires, marins ou assimilés.

[3] A INTERCALER : « *pour les inculpés ; et pour les condamnés lorsque la peine prononcée s'élève à plus d'une année d'emprisonnement.* »

Motifs. — Admettre le même degré de pénalité pour les inculpés et pour les condamnés, c'est établir une égalité tout à fait irrationnelle entre ce qui n'est qu'une simple éventualité et ce qui est une réalité acquise. L'inculpé menacé de deux ans de prison ne saurait être mis sur le même pied que le condamné à qui ils sont déjà infligés ; car l'inculpé peut être acquitté ou condamné d'une façon insignifiante, et sur ce simple doute on le traite aussi sévèrement que si la certitude était établie à son égard par un jugement. Si la menace de deux ans de prison doit quelquefois paraître suffisante pour motiver l'extradition d'un inculpé, il faut, pour rétablir les proportions, abaisser à un an le montant de la peine pour le condamné. La situation d'un condamné qui s'évade est toujours plus grave que celle d'un inculpé sur lequel ne pèsent quelquefois que de vagues soupçons, et que l'on recherche encore peut-être en hésitant. Il faut tenir compte de ces différences, dans la détermination des pénalités qui fixent à leur égard la possibilité de l'extradition. Au surplus, la condamnation à plus d'une année d'emprisonnement constitue dans la pratique une gradation produisant des effets spéciaux : ce qui justifie le choix de cette peine comme base de détermination dans la circonstance actuelle. Cette observation fut faite au Sénat, il n'y fut répondu que d'une manière évasive (1). La plupart des traités français actuellement en vigueur font la distinction très-rationnelle dont le principe devrait, à notre avis, être maintenu dans la loi.

Art. 3.

L'extradition ne sera ni demandée ni accordée : 1° Lorsque les inculpés seront réfugiés sur le territoire de la puissance dont ils sont les nationaux ; lorsque les crimes ou les délits auront un caractère politique [4] ; 3° lorsque, aux termes des lois françaises, soit des lois de la puissance requérante ou requise [5], la prescription de l'action sera acquise antérieurement à la demande d'extradition, ou la prescription de la peine antérieurement à l'arrestation de l'individu réclamé. Elle ne sera pas accordée : 1° Lorsque les crimes ou délits, à raison desquels elle est réclamée, auront été commis en France ; 2° lorsque les crimes ou délits, quoique commis hors de la France, y auront été poursuivis et jugés définitivement.

[4] A INTERCALER : « *L'assassinat et la tentative d'assassinat resteront sujets à l'extradition, quelle que soit la qualité politique des personnes contre lesquelles ils seront dirigés.* »

Motifs. — Les lois de la guerre punissent l'assassinat commis contre des ennemis ; les lois de la paix ne sauraient à plus forte

(1) *Journal officiel* de 1870, p. 2801. On peut voir quelques critiques très-judicieuses adressées au présent article, dans un ouvrage tout récent sur les conditions de l'extradition, par M. André Weiss, page 110 et suiv. Paris, 1880.

raison méconnaître les principes d'humanité, de loyauté et d'hon.
neur, en vertu desquels l'assassinat doit toujours être considéré
comme un crime et une félonie.

[5] Les dispositions de cet article pèchent par une légère
incorrection de langage au 3° de la première partie, qui
devrait commencer ainsi : « *Lorsque aux termes* [soit] *des
lois françaises, soit des lois* [de l'autre] *puissance requérante
ou requise.....* »

Art. 4.

L'extradition ne sera demandée ou accordée qu'à la
condition que l'individu extradé ne sera ni poursuivi, ni
puni pour une infraction autre que celle ayant motivé
l'extradition, à moins d'un consentement spécial donné
dans les conditions de la loi par le gouvernement requis [6]. Sera considéré comme soumis, sans réserve,
à l'application des lois de la nation requérante, à raison
d'un fait quelconque antérieur à l'extradition et différant
de l'infraction qui a motivé cette mesure, l'individu livré
qui aura eu pendant un mois, depuis son élargissement
définitif, la faculté de quitter le territoire de cette nation.

[6] A intercaler : « *La même disposition s'applique à
tous les cas où l'infraction ne pourra plus conserver, à suite
de l'instruction ou des débats, le nom ou la qualification
sous lesquels elle figurait dans la demande, notamment par
le fait de l'adjonction ou de la suppression d'une circonstance
aggravante caractérisant une infraction spéciale. Il en sera
de même encore, dans le cas où il s'agira de la substitution
d'une tentative au fait accompli ou réciproquement.* »

Motifs. — Lorsque des circonstances nouvelles viennent, après
la concession d'extradition, atténuer ou aggraver la pénalité
sans changer l'incrimination, le pays réclamant reste maître de

la poursuite. Mais si l'incrimination a changé de nom ou de caractère, il ne doit plus en être de même ; on avait, par exemple, demandé l'extradition pour un assassinat, le fait n'est plus qu'un meurtre ou un homicide par imprudence ; c'était un viol dans la demande, c'est devenu un simple attentat à la pudeur ; c'était un fait accompli, ce n'est plus qu'une tentative. Malgré les autorités considérables qui se prononcent contre notre solution (1), il nous paraît du plus haut intérêt qu'elle soit adoptée et qu'elle s'impose par les termes de la loi. Il y a là, en effet, une question qui se rattache au principe essentiel, et nous pourrions dire sacré, de la spécialité de l'extradition. Si le fait transformé n'est pas prévu au traité d'extradition, le pays de refuge ne pourra-t-il pas se plaindre de ce qu'on lui ait enlevé par une fausse qualification, un inculpé dont il aurait pu refuser l'extradition ? Et alors même que le fait transformé resterait parmi ceux qui sont prévus au traité, le pays de refuge peut avoir encore un grand intérêt à être consulté de nouveau. Il est possible, par exemple, que l'infraction primitive, dégénérant de crime à délit, soit prescrite d'après les lois du pays requis, alors que le crime pour lequel l'extradition avait été obtenue n'était pas prescrit. La nouvelle inculpation peut prendre un caractère politique, et nous savons que le pays de refuge doit à cet égard rester absolument maître de ses actes. En cas de tentative se substituant au délit, des règles nouvelles peuvent aussi être applicables d'après la loi du pays de refuge ; la plupart des traités contiennent des dispositions particulières sur les tentatives.

En passant outre au jugement, on enlève au pays requis la possibilité de se prononcer sur tous ces points, sur lesquels normalement il devrait avoir pu porter son attention. Le pays requérant peut être suspecté d'avoir trop facilement chargé la prévention pour obtenir plus facilement l'extradition, il faut qu'il se mette à l'abri de tout soupçon de cette nature ; c'est la condition *sine qua non* des bonnes relations internationales.

Mais en réalité, d'ailleurs, est-ce, comme le dit la Cour de cassation, le fait matériel indiqué dans la demande d'extradition que l'on juge ? C'est par suite de la découverte de circonstances nouvelles ordinairement, que le fait change de qualifica-

(1) Cour de cass., 1er février 1845 ; 18 déc. 1858 ; 31 mai 1877. — Traité entre la France et l'Italie, 1870. — Faustin Hélie, *Instr. crim.* II, n° 136. — Hans, t. II, n° 911. — Le Sellyer, *De la Compét.* II, 1031.

tion, ce n'est donc pas le fait matériel indiqué dans la demande, mais un fait tout autre que l'on va juger. Il faut que les pays de refuge soit mis au courant de cet état de choses. Nous rentrons dans le cas prévu par le 1er alinéa de l'article 4, et il est aussi rationnel qu'utile, à notre sentiment, d'assimiler complétement les deux situations (1).

Art. 5.

L'extradition obtenue par le gouvernement français est nulle, si elle est intervenue contrairement aux dispositions de la présente loi. La nullité est prononcée par les tribunaux saisis de la prévention ou de l'accusation [7].

[7] A ajouter : « *S'il s'agit d'un extradé à suite de condamnation antérieurement prononcée, c'est par le tribunal qui a prononcé la condamnation, ou par une autre juridiction du même ordre au choix de l'extradé, que la nullité sera prononcée.* »

Motifs. — La loi a omis de parler des condamnés dont on a obtenu l'extradition. C'est par analogie, ou par mesure de faveur, que nous déterminons cette compétence, mais la loi aurait dû se préoccuper de ce cas, il y a là une lacune à combler, car les extradés condamnés doivent pouvoir bénéficier de la loi comme les autres.

Art. 6.

Les mêmes tribunaux seront juges de la qualification donnée au fait motivant la demande d'extradition.

Art. 7.

Dans le cas où l'extradition est annulée, le prévenu ou l'accusé [8], s'il n'est pas réclamé par le gouvernement

(1) Voir dans ce sens, Billot, *De l'Extradition*, p. 316. Bertauld, 30e leçon de Droit pénal, p. 668. — Note sur l'arrêt précité de 1875 dans Sirey, et par analogie Cassation, 23 juillet 1863.

requis, est mis en liberté et ne peut être repris que si, dans [après] les trente jours (1) qui suivent cette mise en liberté, il est arrêté sur le territoire Français.

[8] REMPLACER LES MOTS LE PRÉVENU OU L'ACCUSÉ PAR CEUX-CI : « *l'individu livré.* »

Motifs. — Ce mot s'applique aux trois situations dans lesquelles peut se trouver celui qui a fait prononcer la nullité de l'extradition, c'est-à-dire au prévenu, à l'accusé ou au condamné dont il n'est pas question à l'art. 7, à raison, sans doute, de l'omission que nous avons signalée à l'article précédent.

ART. 8

Dans le cas où un étranger sera poursuivi ou aura été condamné en France, et où son extradition sera demandée au gouvernement français, à raison d'une infraction différente, la remise ne sera effectuée qu'après que la poursuite sera terminée, ou, en cas de condamnation, qu'après que la peine aura été exécutée. Toutefois, cette disposition ne fera pas obstacle à ce que l'étranger puisse être renvoyé temporairement pour comparaître devant les tribunaux du pays requérant, sous la condition qu'il sera renvoyé dès que la justice étrangère aura statué. — Sera régi par les dispositions du présent article, le cas où l'étranger est soumis à la contrainte par corps, par application des lois du 22 juillet 1867 et 10 décembre 1871.

(1) M. Molinier fait remarquer (*Recueil de l'Académie de législ.*, 1880, p. 301) que le *Journal Officiel* porte ces mots « dans les 30 jours, » et qu'il y a là une erreur évidente : c'est le mot *après* qui doit être dans cet article et non le mot *dans*. La chose est si claire, que nous ne fesons que l'indiquer, sans en faire l'objet d'un amendement ; c'est une erreur purement matérielle.

Art. 9.

Dans le cas où l'extradition d'un étranger ayant été obtenue par le gouvernement français, le gouvernement du pays tiers solliciterait à son tour du gouvernement français l'extradition du même individu, à raison d'un fait autre que celui jugé en France, ou non connexe à ce fait, le gouvernement ne déférera, s'il y a lieu, à cette requête, qu'après s'être assuré du consentement du pays par lequel l'extradition aura été accordée. Toutefois, cette réserve n'aura pas lieu d'être appliquée lorsque l'individu extradé aura eu, pendant le délai fixé par l'article 4, la faculté de quitter le territoire de la République.

Art. 10.

Toute demande d'extradition sera adressée au gouvernement français par voie diplomatique et sera accompagnée, soit d'un jugement ou arrêt de condamnation notifié, dans ces derniers cas, suivant les formes qui seraient prescrites par la législation du pays requérant, soit d'un acte de procédure criminelle d'une juridiction compétente décrétant formellement ou opérant de plein droit le renvoi de l'inculpé ou de l'accusé devant la juridiction répressive, soit d'un mandat d'arrêt ou de tout autre acte ayant la même force et décerné par l'autorité judiciaire, pourvu que ces derniers actes renferment l'indication précise du fait pour lequel ils sont délivrés et la date de ce fait. Les pièces ci-dessus mentionnées devront être produites en original ou en expédition authentique. — Le gouvernement requérant devra produire, en même temps, la copie des textes de la loi applicable au fait incriminé.

Art. 11.

La demande d'extradition sera, après examen, transmise, avec les pièces à l'appui, par le ministre des affaires étrangères, au ministre de la justice, qui vérifiera la régularité de la requête et adressera, s'il y a lieu, les pièces au ministre de l'intérieur, lequel prendra aussitôt les mesures nécessaires pour faire opérer l'arrestation.

Art. 12.

L'étranger sera transféré dans le plus bref délai et écroué à la maison d'arrêt du chef-lieu de la cour d'appel dans le ressort de laquelle il aura été arrêté.

Art. 13.

Les pièces produites à l'appui de la demande d'extradition seront, en même temps, adressées par l'autorité administrative au procureur général. Dans les 24 heures de leur réception, le titre, en vertu duquel l'arrestation aura eu lieu, sera notifié à l'étranger. — Le procureur général procèdera, dans le même délai, à un interrogatoire dont il sera dressé procès-verbal. Cet interrogatoire aura pour objet de constater l'identité de l'étranger et fera mention de sa réponse à la question qui doit lui être posée conformément à l'art. 17.

Art. 14.

La chambre des mises en accusation sera saisie sur-le-champ de ce procès-verbal et des documents étrangers. Il sera, en cette chambre, et en audience publique, à moins que le détenu ne réclame le huis-clos, procédé à un nouvel interrogatoire dont procès-verbal est également dressé. Le ministère public et l'étranger seront entendus ; celui-ci pourra se faire assister d'un conseil.

Art. 15.

La Chambre des mises en accusation donnera son avis motivé sur la demande d'extradition [9]. — Le dossier devra être envoyé au ministre de la justice dans la huitaine à dater de l'écrou dans la maison d'arrêt ou de la réception des pièces au parquet, si cette réception est postérieure à l'écrou.

[9] INTERCALER A LA SUITE DE LA PREMIÈRE PHRASE : « *Elle statuera contradictoirement en séance publique et par arrêt rendu en dernier ressort, sur les questions d'admissibilité de l'extradition qui pourraient être soulevées par le réclamé à raison de droits acquis d'après les lois françaises, en particulier d'après la présente loi, notamment en ce qui concerne l'autorité de la chose jugée, la prescription, le lieu où le fait a été commis et la peine qui lui est applicable ; le tout en prenant pour base les faits tels qu'ils sont consignés dans la demande d'extradition où les autres documents communiqués par les soins du ministère public.*

Les questions d'état portant, notamment sur la nationalité et sur l'identité civile du réclamé, lorsque son état civil sera la seule ou la principale indication fournie par l'État requérant, seront examinées par la chambre des mises en accusation qui statuera en séance publique, contradictoirement et par arrêt rendu en dernier ressort, sur le point de savoir s'il y a lieu de tenir compte de la vraisemblance et du bien fondé des prétentions du réclamé.

En cas de solution affirmative, elle admettra la demande

et renverra devant les juges civils compétents. Dans le cas contraire, elle déclarera dans les mêmes formes qu'il y a lieu de passer outre à la demande d'extradition de ce chef. Les règles ordinaires sur la mise en liberté provisoire seront appliquées comme au cas prévu par l'art. 20. »

Motifs. — Les considérations que peut faire valoir le réclamé, pour se soustraire à une demande d'extradition, sont de nature très-diverses. Les unes basées exclusivement sur des considérations de fait, ou sur des questions diplomatiques, doivent rester soumises à l'autorité du pouvoir exécutif. Il en sera ainsi de tout ce qui se rattache aux formes des relations internationales, à l'interprétation des traités et même à la vraisemblance des faits allégués contre le réclamé. On comprend que sur tous ces points l'autorité judiciaire n'ait que voix consultative.

Mais il est d'autres questions que peut soulever le réclamé en se basant sur des lois positives, qu'il peut considérer comme se rattachant à des droits acquis, et qui touchent dès lors au contentieux. Sur ces questions, les tribunaux doivent avoir plus que voix consultative ; ils doivent être juges, et seuls juges en pareille matière. Cette distinction a été nettement établie par la loi hollandaise, par le projet de Code pénal italien, et très-fermement soutenue par notre collègue M. Molinier (1) ainsi que par M. Louis Renault (2). Mais si on pénètre dans l'analyse des faits, on verra en outre que certaines de ces questions se rattachent au droit criminel, tandis que d'autres sont de pur droit civil, et constituent les questions les plus graves dans cette matière, des questions d'état. De là une double compétence doit découler.

Pour les matières criminelles, comme il s'agit ici d'une question d'admissibilité de l'extradition, la chambre des mises en accusation est naturellement indiquée ; mais au lieu de formuler de simples avis, ce sont des arrêts qu'elle doit rendre, par application des lois que le réclamé peut invoquer. Ce n'est pas une faveur, c'est un droit qu'il revendique, lorsque se basant sur les lois ordinaires et aussi sur la loi en projet, il se prévaut de la chose déjà jugée, de la prescription, de la compétence à raison du lieu, de la nature de la peine applicable au fait qui lui est

(1) *Recueil de l'Acad. de lég. de Toulouse*, 1880, p. 280.

(2) Journal *Le Droit*, n° du 8 avril 1879. Lecture et discussion à la Société de législation comparée, Bulletin de 1879, p. 175 et 247.

imputé. Dans tous ces cas et dans tous les cas analogues, l'autorité judiciaire est seule compétente, et la nouvelle loi contiendrait une lacune grave, si elle ne formulait pas nettement cette règle, qui touche à la liberté individuelle, au respect des lois, et au principe de la séparation des pouvoirs.

Quant aux questions de droit civil, nous pensons qu'il faut de toute nécessité, comme le veut la loi hollandaise, qu'elles soient maintenues formellement dans les termes mêmes de la loi fondamentale de l'extradition, à ses juges naturels, c'est-à-dire aux juges civils.

Si le réclamé se prétend français, si les noms et l'état civil qu'on lui attribue sont par lui contestés, alors surtout que son individualité physique n'est pas reconnue, il y a là de véritables et graves questions d'état et de liberté individuelle qui peuvent intéresser les Français eux-mêmes, et qui sortent des attributions du pouvoir exécutif et même de la justice criminelle, pour rentrer dans la compétence civile. La cour de Colmar l'avait avec raison déclaré, par arrêt du 19 mai 1868. La loi hollandaise de 1875 veut que ce soit la haute cour qui statue sur la nationalité du réclamé, et le procureur du roi est tenu de prendre l'initiative et d'informer le réclamé des droits qui lui appartiennent à cet égard.

On a voulu en Hollande, attirer l'attention du réclamé sur l'exception qu'il peut soulever de ce chef; mais une préoccupation en sens contraire se présente aussi naturellement à l'esprit. On peut se demander si les réfugiés, portés à retarder leur extradition et leur jugement, ne soulèveront pas quelquefois des questions d'état sérieuses ou non, pour demander leur renvoi devant la justice civile et obtenir ainsi des délais, par un abus dont la loi elle-même leur suggérerait l'idée. La loi hollandaise n'a pas méconnu cette considération pratique, elle a cherché à éviter les atermoiements, en exigeant que le prévenu adresse sa requête à la haute cour dans la quinzaine de son interrogatoire, elle fait ensuite injonction à la haute cour de statuer sans retard. Mais on le sait, pour peu qu'on ait suivi la pratique des tribunaux, les questions d'état peuvent aisément amener et amènent d'ordinaire des procédures qui se compliquent d'incidents, et le mal n'est pas évité par les recommandations de la loi auxquelles les magistrats ne peuvent pas toujours se conformer. Pendant ce temps, l'extradition resterait en suspens, les difficultés internationales se prolongeraient, la justice criminelle serait en souffrance, les preuves s'effaceraient peut-être, et les pouvoirs publics sembleraient désarmés.

On pourrait à notre avis, déjouer la fraude, en donnant à la chambre des mises en accusation, en matière civile, des attributions analogues à celles qui lui compètent d'ordinaire en matière criminelle. On pourrait faire de cette chambre, appelée à statuer sur l'extradition, une sorte de chambre des requêtes en ce qui concerne les questions d'état soulevées devant elle.

Par rapport à ces questions, elle examinerait si le pourvoi doit être admis ou rejeté. Si l'exception ne présentait en fait et en droit aucun caractère sérieux, elle la repousserait purement et simplement, et déclarerait par arrêt, l'extradition admissible sur ce point. Les sursis frauduleux n'auraient aucune chance de succès, la procédure criminelle ne serait pas inutilement entravée, et cependant le réfugié aurait obtenu la garantie de l'intervention du pouvoir judiciaire, exercée par une juridiction de l'ordre le plus élevé.

Mais si l'exception basée sur la question d'état offrait en fait ou en droit un caractère de doute sérieux, les retards ne seraient plus qu'une nécessité de la justice, et l'on ne devrait pas hésiter à en accepter les inconvénients, dans une matière aussi grave. En ce cas, la chambre des mises en accusation déclarerait l'existence d'une question préjudicielle à l'extradition, sur laquelle on pourrait l'autoriser à statuer elle-même par arrêt ; mais le renvoi à la justice civile semble préférable, en droit et en fait.

Art. 16.

Le ministre de la justice proposera, s'il y a lieu, à la signature du Président de la République, un décret autorisant l'extradition.

Art. 17.

Si, lors de l'interrogatoire auquel il est soumis par l'art. 10-[13] (1), l'étranger, interpellé à ce sujet, exprime formellement la volonté d'être livré sans aucun retard

(1) C'est par erreur matérielle que le n° 10 a été maintenu.

pour les faits qui ont motivé la demande d'extradition, et
déclare renoncer à la comparution devant la Cour, le
procureur général, aussitôt après avoir clos l'interrogatoire, adressera le procès-verbal et les pièces au ministre
de la justice. Un décret autorisant l'extradition sera sur-
le-champ proposé à la signature du Président de la
République.

Art. 18.

Dans le cas où le gouvernement requérant demandera,
pour une infraction antérieure à l'extradition, mais découverte postérieurement, l'autorisation de poursuivre l'individu déjà livré, l'avis de la chambre des mises en accusation, devant laquelle l'inculpé avait comparu, pourra
être formulé sur la seule production des pièces transmises
à l'appui de la nouvelle demande. — Seront également
transmises par le gouvernement étranger et soumises
à la chambre des mises en accusation, les pièces contenant
les observations de l'individu livré, ou la déclaration
qu'il n'entend en présenter aucune.

Art. 19.

En cas d'urgence et sur la demande directe des autorités judiciaires du pays requérant, les procureurs de la
République pourront, sur un simple avis transmis soit par
la poste, soit par le télégraphe, de l'existence de l'une des
pièces indiquées par l'art. 7-[10] (1), ordonner l'arrestation
provisoire de l'étranger. — Un avis régulier de la demande
devra être transmis, en même temps, par voie diploma-

____

(1) Ici encore se trouve une erreur de numérotage : c'est l'art. 10 et
non l'art. 7 qu'il faut dire.

tique, par la poste ou par le télégraphe, au ministre des affaires étrangères. — Les procureurs de la République devront donner avis de cette arrestation au ministre de la justice et au procureur général [10].

[10] AJOUTER A L'ARTICLE L'ALINÉA SUIVANT : « *Dans le cas où l'extradé devrait être l'objet d'une nouvelle demande d'extradition quand il est déjà en la puissance du pays requérant conformément à l'art. 4, il pourra être provisoirement maintenu en état de mandat d'arrêt, à la condition que mention de ce fait sera immédiatement communiquée par le ministre des affaires étrangères au gouvernement qui avait livré l'extradé, afin d'obtenir l'assentiment de ce gouvernement au maintien du mandat d'arrêt pour nouvelle cause.* »

Motifs. — Cet amendement, que nous plaçons ici, par ce qu'il règle une question d'exécution et d'arrestation provisoire, n'est en réalité qu'une conséquence nécessaire de l'article 4, et de l'addition que nous avons proposé de faire à cet article. Normalement, l'extradé ne peut être ni poursuivi ni retenu à raison d'un fait autre que celui indiqué dans la demande d'extradition ; mais il serait peu pratique de ne pas le garder provisoirement, pendant que les formalités d'une nouvelle demande d'extradition s'accomplissent, s'il y a lieu. Dans ce cas, les égards que se doivent les nations, et les scrupules que l'on doit observer en ce qui touche la spécialité de l'extradition, exigent que ce maintien d'un mandat d'arrêt à raison d'un nouveau fait, soit autorisé par le pays qui a livré l'extradé sur la foi d'une autre demande.

Art. 20

L'étranger arrêté provisoirement dans les conditions prévues par l'article 19, sera, à moins qu'il n'y ait lieu de lui faire application des articles 7, 8 et 9 de la loi du 3 décembre 1849, mis en liberté si, dans le délai de vingt jours à dater de son arrestation, lorsqu'elle aura été opérée à la demande d'un pays limitrophe, le gouvernement français ne reçoit l'un des documents mentionnés à l'article 10. Ce délai pourra être porté à un mois, si le territoire du pays requérant est non-limitrophe, et jusqu'à trois mois si ce territoire est hors de l'Europe. — Sur la requête adressée à la chambre des mises en accusation, l'étranger pourra obtenir sa mise en liberté provisoire dans les mêmes conditions que si la poursuite était exercée en France.

Art. 21.

Le transit sur le territoire français d'un étranger extradé pourra être autorisé par le ministre de la justice, sur la simple production, par la voie diplomatique, de l'un des actes de procédure mentionnés en l'article 10. Cette autorisation ne saurait être donnée qu'aux puissances qui accorderaient, sur leur territoire, la même faculté au gouvernement français [11].

[11] AJOUTER EN ALINÉA : « *Elle ne pourra l'être que si le fait qui motive le transit n'est ni un fait politique, ni un fait couvert par la prescription de l'action ou de la peine, ni un fait à l'égard duquel la présente loi refuserait la concession de l'extradition.* »

Motifs. — Le fait du transit est moins grave que le fait de l'extradition, et voilà pourquoi il ne nous paraît pas utile de faire intervenir un autre pouvoir que l'autorité exécutive ; mais encore faut-il être logique, et ne pas prêter la main à un acte que l'on considère comme contraire au droit, ne pas donner passage sur le territoire à celui dont on n'accorderait pas l'extradition. Ce serait une sorte de complicité, à l'accomplissement de laquelle le gouvernement ne saurait raisonnablement se prêter. Il a entre ses mains les documents nécessaires pour s'éclairer, il faut que la loi lui en impose l'obligation et qu'il ne prête le concours de ses agents et les routes de son territoire, que pour des actes considérés par lui comme justes et légitimes.

Art. 22.

La chambre des mises en accusation, ou le procureur général, dans le cas prévu par l'article 17, décideront s'il y a lieu ou non de transmettre, en tout ou en partie, les papiers et autres objets saisis au gouvernement qui demande l'extradition. — Ils ordonneront la restitution des papiers et autres objets qui ne se rattacheraient pas directement au fait imputé à l'étranger, et statueront, le cas échéant, sur les réclamations des tiers détenteurs et autres ayant-droit. — Ces décisions seront exécutées, sauf au cas de rejet définitif de la demande d'extradition par le gouvernement.

Art. 23.

En matière pénale non politique, les commissions rogatoires, émanées de l'autorité étrangère, seront reçues par la voie diplomatique et transmises, s'il y a lieu, aux autorités judiciaires compétentes. En cas d'urgence, elles pourront être envoyées directement aux autorités françaises qui devront en donner avis au ministre de la justice. Les commissions rogatoires seront exécutées sans délai, à moins que la loi française ne s'y oppose.

Art. 24.

Les citations, dans une cause pénale non politique suivie à l'étranger, de témoins domiciliés ou résidant en France, ne seront reçues en France et signifiées, que sous la condition que ces témoins ne pourront être poursuivis ou détenus pour des faits ou condamnations antérieures, ni comme complices des faits de l'accusation.

Art. 25.

L'envoi des agents détenus en vue d'une confrontation et la communication des pièces de conviction ou documents judiciaires pourront être autorisés par le gouvernement d'un pays à un autre. — La demande sera formée par voie diplomatique, il y sera donné suite, à moins que des considérations particulières né s'y opposent, sous la condition de renvoyer le détenu ou les pièces dans le plus bref délai.

Art. 26.

Les gouverneurs des colonies françaises pourront, sous leur responsabilité et à charge d'en rendre compte, à bref délai, au ministre de la marine, statuer sur les demandes d'extradition qui leur seraient adressées, soit par des gouvernements étrangers, soit par les gouverneurs des colonies étrangères. Ils pourront, en outre, exercer les droits conférés par les articles 18, 20, 21 et 22. — Cette faculté n'aura lieu que sous condition de réciprocité, et si le fait à raison duquel l'extradition est demandée, est prévu par les traités en vigueur, entre les métropoles.

Cette loi, votée par le Sénat le 4 avril 1870, sera bientôt, nous l'espérons, soumise au Corps législatif.

On a prétendu, il est vrai, qu'elle n'était ni absolument utile ni même constitutionnelle. A notre avis, il ne saurait s'élever de doutes sérieux, ni sur l'un ni sur l'autre de ces points.

Quant à la constitutionnalité, on faisait remarquer que tous les traités d'extradition doivent être soumis au pouvoir législatif, d'après l'article 8 de la loi constitutionnelle de 1875, comme touchant à l'état des personnes (1) ; et que l'on ne doit pas porter atteinte à cette prérogative constitutionnelle, par une loi qui en modifierait le fonctionnement. Mais il fut officiellement répondu, par le ministre de la justice, au cours des débats du Sénat, que les traités resteraient, en effet, soumis à ce contrôle, comme ils le sont en Angleterre où il existe aussi une loi sur l'extradition.

Dans ces conditions, le pouvoir législatif ne diminue en rien son autorité, il formule à l'avance certaines règles qu'il se propose de respecter dans l'exercice de son contrôle spécial de chaque traité ; en agissant ainsi, il n'engage que lui-même, il ne touche à aucun principe fondamental, ni au droit constitutionnel.

Les traités d'extradition sont d'ordinaire approuvés sans débats sérieux par les Chambres, parce qu'ils n'offrent qu'un intérêt spécial ; une loi faite à l'avance et respectée dans chaque traité, offre plus de garantie pour l'application et le maintien des principes généraux.

Le projet de loi de 1879 nous paraît très-opportun et très-sage (2). Il formule une série de dispositions déjà consacrées par l'expérience de plusieurs grandes nations,

(1) Ce point lui-même avait été contesté au Sénat, mais, en pratique, il n'y a jamais eu d'hésitation : depuis 1875, l'on a toujours soumis les traités d'extradition aux Chambres. Il est certain, en effet, qu'en ce qui concerne la liberté individuelle, la compétence, la nationalité, l'identité civile, les droits politiques, l'état des personnes peut être directement atteint par les concessions et, par conséquent, par les traités d'extradition. V. l'Exposé des motifs de la loi et la discussion au Sénat, *Journal off.*, 1870, p. 2047, et l'article de M. le premier président Robinet de Cléry, *Journal de droit international privé*, 1876, p. 343.

(2) V. en sens contraire un article de M. Serurier, *Revue crit. de législat.*, 1880, p. 623.

en vue de garantir à tous la liberté individuelle ; il res-
titue à l'ordre judiciaire la garde des formes protectrices
de la justice, dans la matière où il est le plus essentiel
que ces formes soient observées, en matière pénale ; il
assure enfin la pratique régulière et loyale d'une institution internationale aujourd'hui nécessaire. Il est temps
de donner à l'ensemble de ces règles la fixité et la stabilité
de la loi.

Les circonstances nous ont ainsi amené à jeter un coup
d'œil sur quelques-unes des difficultés de la pratique, et à
sortir sur un point, du caractère purement théorique de ce
travail. Il nous a paru utile de faire sentir en ce moment,
l'accord et l'unité des règles qui doivent dominer une
matière dont les éléments semblent encore épars et incer-
tains, et qui est à la veille d'être définitivement réglée
par une loi. Sur les autres points, nous nous sommes
bornés à établir les principes philosophiques, en dehors
des textes écrits. C'est le caractère que nous avons voulu
donner à ce travail d'introduction.

Le droit international a, comme toutes les autres parties
du droit, son origine dans la loi naturelle ; il n'est qu'une
des formes de cette justice incréée qui a pour objet de
conserver à l'homme, à la famille, à la patrie, leur existence, leur caractère propre, leur grandeur naturelle,
leur indépendance, sous la protection des lois et dans
l'harmonie du bien. C'est là ce que nous avons voulu
faire ressortir.

Nous avons posé les principes généraux. Il restera,
pour atteindre un résultat plus directement pratique, à
tirer les déductions de ces principes, en s'attachant spécialement aux difficultés des lois positives actuellement
en vigueur dans les États contemporains.

TABLE

Toulouse. — Typ. de Durand, Fillous et Lagarde, rue St-Rome, 44.